The Book of the Law
and
Aleister Crowley

ard Alexander

Crowley

알레이스터 크로울리

에드워드 알렉산더 크로울리(Edward Alexander Crowley)라는 이름으로 태어났으며, 위대한 짐승 666(The Great Beast 666)으로도 알려져 있다. 크로울리는 "Frater Perdurabo"(라틴어: "형제여, 나는 견뎌낼 것이다")라는 가명을 사용하기도 했다. 이는 하나의 마법적 모토이자 크로울리와 관련된 이름으로 이해되기도 한다.

크로울리는 텔레마 종교 철학을 설립하는 일을 맡았다. 이탈리아 시칠리아에 소재한 텔레마 사원은 크롤리가 건립한 후 그 곳에서 오컬트 의식을 했으며 현재 세계 13대 마경 중 하나이다.

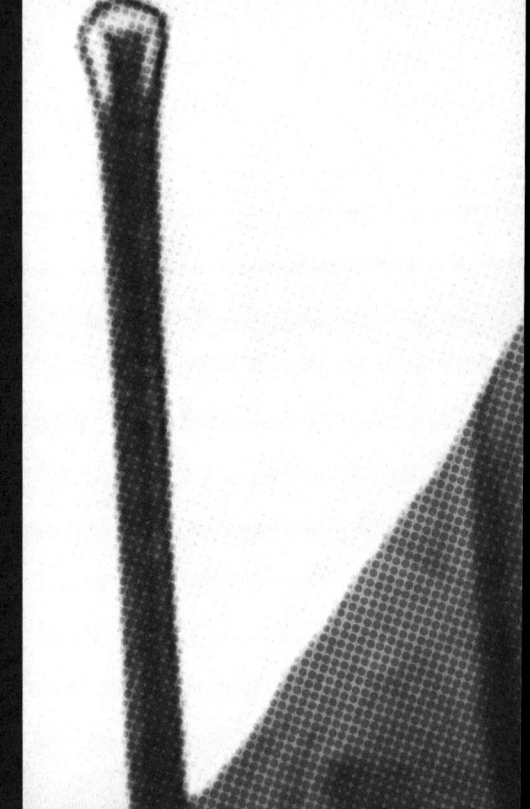

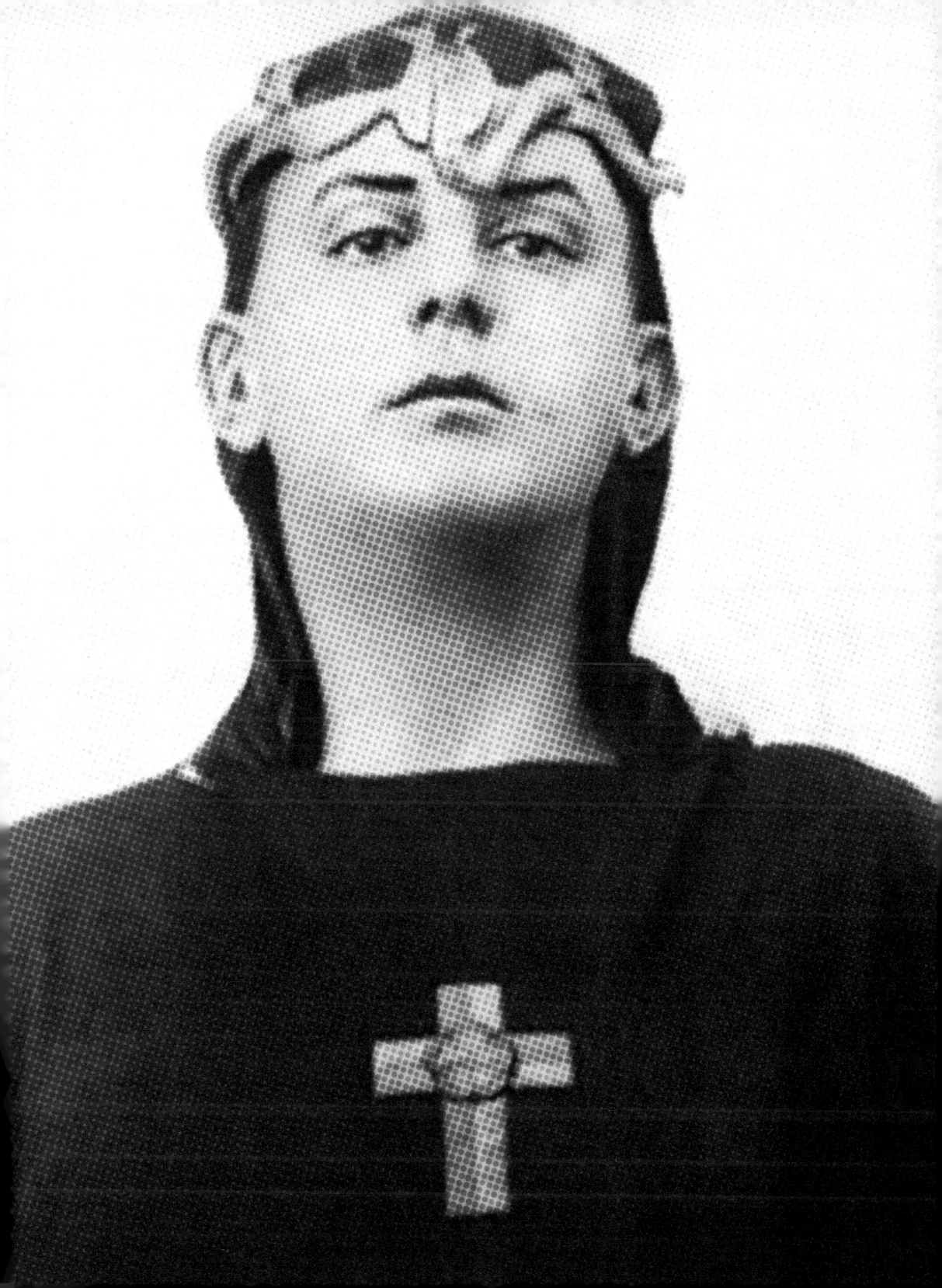

Aleister Crowley as Baphomet X° O.T.O.

크로울리가 태어난 곳
30 Clarendon Square in Royal Leamington Spa, Warwickshire, on 12 October 1875.

2017년 체팔루에서의 크로울리와 텔레마 유적
Cefalù, Sicily in 2017

텔레마 수도원

프롤로그 12

목차

One: 흑마법사 알레이스터 크로울리
1-1. 알레이스터 크로울리는 누구인가?   16
1-2. 크로울리의 생애   19
1-3. 크로울리의 텔레마   27
1-4. 크로울리의 저서   31

Two: 법의서
0. Intro   54
1. 법의서 제1장   64
2. 법의서 제2장   73
3. 법의서 제3장   83

Three: 크로울리의 마법들 外
3-1. 크로울리의 마법   96
3-2. 크로울리의 소환 마법   100
3-3. 크로울리가 소환한 악마, 코론존   103
3-4. 크로울리와 관련된 이야기들   109

Four: 흑마법 관련 정보 등
흑마법 관련 정보   142
+ (etc 1) 현대 록 음악과 크로울리   145
+ (etc 2) 등반가로서의 크로울리: K2를 오르다   148

에필로그   158
부록-법의 서 원문   164
참고자료 & 관련문헌   190

편집후기 & 당부말씀   192

프롤로그

Do what thou wilt shall be the whole of the Law

"네가 원하는 바를 행하라. 그것이 곧 법이니라."

✝✝

"네가 원하는 바를 행하라. 그것이 곧 법이니라."

이 문장은 20세기 가장 위험한 책 중 하나로 불리는 『법의 서(The Book of the Law)』의 중심에 놓여 있다. 그리고 이 책을 세상에 남긴 사람, 알레이스터 크로울리는 스스로를 '짐승 666'이라 부르며, 기독교적 도덕과 질서를 거부한 채 새로운 윤리, 새로운 우주, 새로운 인간상을 주장했던 인물이다.

1904년, 이집트 카이로. 크로울리는 아내 로즈와의 신혼여행 중 한 신비한 사건을 경험했다고 주장한다. 그의 말에 따르면, '아이와스(Aiwass)'라는 이름의 초월적 존재가 그에게 계시를 내렸고, 그는 이를 받아 적었다. 3일간 단 3장의 원고. 그러나 이 짧은 텍스트는 이후 수십 년간 그가 구축한 마법 체계, 종교 철학, 수행 실천의 원천이 되었다. 『법의 서』는 그 자체로 하나의 계시이자 선언이며, 동시에 수많은 해석과 논쟁을 불러온 텍스트다.

이 책이 품고 있는 언어는 낯설고 격렬하다. 때로는 신의 목소리처럼 들리다가, 어느 순간엔 인간의 가장 내밀한 속삭임처럼 울린다. "Do what thou wilt shall be the whole of the Law." ("네가 원하는 바를 행하라. 그것이 곧 법이니라.")

크로울리가 주장한 이 선언은 종종 오해를 받는다. 그것이 방종과 무정부 상태를 의미하는 구호처럼 보이기 때문이다. 하지만 크로울리에게 있어 이 말은, 각자가 타고난 '진정한 의지(True Will)'를 찾아내고, 그 의지를 따라 살아가야 한다는 고도의 영적 윤리였다. 즉, 이 문장은 '마음대로 살아라'는 말이 아니라, '당신이 반드시 해야 할 일을 인식하라'는 명령이다.

『법의 서』는 종교 경전이면서도 그 어떤 종교보다 개인의 자유를 긍정하고, 마법의 교본이면서도 삶 전체에 대한 철학적 물음을 던지는 책이다. 그 속엔 인간이 신을 모방하는 존재가 아니라, 신이 되기 위해 태어난 존재임을 전제하는 사상이 깔려 있다. 이 책은 질서를 재배치하고, 금기를 재정의하며, 무엇보다 당신이 누구인지를 되묻는다.

이 책을 읽는다는 것은 어떤 안전한 지식의 세계에 발을 들이는 것이 아니다. 오히려 당신이 지금까지 믿어온 것들을 의심하고, 낯선 감각과 맞닥뜨리며, 금기의 문장을 자신의 언어로 받아들이게 되는 체험일지도 모른다. 그것은 위험할 수 있다. 그러나 크로울리는 바로 그런 위험을 통해 인간이 스스로를 발견하고, 스스로를 구원한다고 믿었다.

이 책은 크로울리의 『법의 서』, 그 위험한 문장을 다시 한국어로 옮기는 시도다. 문장 하나하나가 과거와 현재를 통과하며 살아 숨쉬기를, 이 책을 여는 당신이 그 호흡 속에서 자신만의 목소리를 찾기를 바란다.

당신은 누구이며, 무엇을 행할 것인가? 이제, 『법의 서』는 그 질문을 당신에게 돌려준다.

One:

흑마법사 알레이스터 크로울리

Warlock
Aleister Crowley

1-1
알레이스터 크로울리는 누구인가?

알레이스터 크로울리(Aleister Crowley, 1875~1947)는 19세기 말과 20세기 초를 관통하며 활동한 영국의 오컬티스트이자 작가, 시인, 철학자, 신비주의자였다. 본명은 에드워드 알렉산더 크로울리(Edward Alexander Crowley). 종교적 억압과 기독교 도덕에 대한 반발 속에서 그는 기존 질서를 전복하는 독자적인 사상과 신비주의 체계를 구축해 나갔다. 특히, 그가 창시한 '텔레마(Thelema)'는 단순한 종교나 철학이라기보다는 인간 존재에 대한 선언에 가까웠다. 그는 "네가 원하는 바를 행하라. 그것이 곧 법이니라(Do what thou wilt shall be the whole of the Law)"라고 말하며, 인간은 각자의 '진정한 의지(True Will)'를 찾아 따를 의무가 있다고 주장했다. 그것은 단순한 욕망과는 다른 것이며, 크로울리는 이 의지를 우주와 조화를 이루는 길이라 보았다.

그의 대표작인 『법의 서(The Book of the Law)』는 1904년, 크로울리가 이집트 카이로에서 '아이와스(Aiwass)'라는 초월적 존재로부터 자신이 계시를 받았다고 주장하며 저술한 책이다. 그는 이 책을 통해 인류는 이제 '호루스의 시대(Aeon of Horus)' 즉, 인간 정신의 해방과 자율성이 중심이 되는 새로운 시대로 접어들었다고 선언했다. 이 책은 짧지만 밀도 높은 상징과 선언들로 구성되어 있으며, 크로울리는 이후 수십 년 동안 이 책의 의미를 해석하고 확장하는 작업을 이어갔다.

크로울리는 황금새벽회(Hermetic Order of the Golden Dawn)라는 비의학 단체에서 마법 체계를 익히며 초기 신비주의 활동을 시작했고, 이후 은밀한 교단인 오르도 템플리 오리엔티스(O.T.O)와 협력하며 자신만의 철학을 실현할 기반을 마련했다. 크로울리의 텔레마 교는 지금도 다양한 오컬트 서클에서 계승되고 있으며, 그의 저작들은 여전히 현대의 마법사들과 영적 탐구자들의 지침서로 쓰이고 있다.

그는 스스로를 '짐승 666(The Beast 666)'이라 부르고, 언론은 그를 "세계에서 가장 사악한 남자(The Wickedest Man in the World)"라 불렀다. 자극적인 퍼포먼스와 반기독교적 언설은 그저 허세가 아니었다. 그것은 당대의 위선적 도덕과 종교적 권위에 대한 명백한 도전이었고, 성과 욕망, 의식 확장에 대한 통제를 거부하려는 선언이었다. 그는, 인간이 진정으로 자유로워지기 위해선, 먼저 억압된 욕망과 공포를 직면해야 한다고 강력하게 주장했다.

크로울리는 살아 있는 내내 파격과 금기의 상징이었다. 크로울리는 생전에 스코틀랜드 호숫가에 있는 볼레스킨 하우스(Boleskine House)에서 정령 소환 의식을 시도했고, 이곳은 이후 심령현상으로 유명해졌다. 또, 스위스와 시칠리아에선 '이바시아 테레레'라는 수행 공동체를 운영했으나, 오염된 우유로 한 제자가 사망하며 폐쇄되었다. 그는 헤로인, 코카인, 대마초 등 다양한 약물을 통해 의식 확장을 실험했고, 그 경험을 바탕으로 한 소설도 집필했다.

크로울리의 존재감은 그가 죽은 뒤에도 쉽게 사라지지 않고 있다. 그는 비틀즈, 데이비드 보위, 지미 페이지, 오지 오스본, 레드 제플린 같은 예술가들의 영감이 되었으며, 현대 타로(특히 토트 타로), 뉴에이지 운동, 카오스 마법, 위카 등에 이르기까지 광범위한 문화적 흔적을 남겼다. 오늘날 크로울리는 단지 한 시대를 풍미했던 오컬트의 인물에 불과한 존재가 아니다. 그는 인간의 의지와 신비, 금기와 자유를 끝없이 탐구했으며, 그는 죽어서도 여전히 살아있는 신화로 남았다.

1-2
알레이스터 크로울리의 생애

알레이스터 크로울리(Aleister Crowley, 1875~1947)는 영국 워릭셔 지방의 로열 레밍턴 스파에서 태어났다. 본명은 에드워드 알렉산더 크로울리(Edward Alexander Crowley)이며, 그의 부모는 엄격한 기독교 근본주의 단체인 플리머스 브레드런(Plymouth Brethren)의 신도였다. 아버지는 성공한 양조업자로, 사업 은퇴 후에는 전도사로 활동했다. 어린 크로울리는 아버지와 함께 매일 성경을 읽으며 자랐고, 한때는 신앙심 깊은 아이였다. 하지만 11살 무렵, 아버지가 암으로 사망하면서 그의 인생은 전환점을 맞는다. 아버지의 죽음 이후, 그는 억압적이고 위선적인 종교 교육에 환멸을 느끼게 되었고, 점차 기독교적 가치에 반감을 품으며 반항과 탐색의 시기를 걷기 시작했다.

크로울리는 플리머스 교단이 운영하는 기숙학교에 다녔다. 그러나 이곳은 지나친 금욕주의와 학생 고발 장려 문화, 죄의 자백을 강요하는 폐쇄적 분위기로 악명 높은 곳이었다. 그는 친구에게 허위 고발을 당한 후, 빵과 물만 먹으며 매일 심문을 받는 생활을 두 학기 동안이나 지속해야 했고, 결국 신장 질환까지 얻게 된다. 이 사건은 그가 종교를 조롱하고, 스스로를 '짐승 666'이라 칭하게 된 결정적인 계기 중 하나가 되었다.

1889년, 그는 케임브리지 대학교 트리니티 칼리지에 입학하여 문학, 철학, 화학 등을 공부했고, 동시에 등반, 시, 연극, 성에 대한 탐구에 빠져들었다. 밀턴의 『실낙원』에서 루시퍼의 행적에 깊은 감명을 받은 그는 어릴 적부터 사탄과 마법에 관심을 가져왔으며, 대학 시절엔 본격적으로 오컬트 문헌을 탐독하기 시작한다. 이 무렵, 그는 자신의 이름을 '복수의 신'이라는 의미의 '알레이스터'로 바꾸고 비로소 '알레이스터 크로울리'로서의 삶을 살아가게 되었다.

1898년, 그는 황금새벽회(Hermetic Order of the Golden Dawn)에 가입한다. 이 비의학 단체는 마법, 점성술, 연금술, 신지학, 카발라 등을 포함한 다양한 신비주의 지식을 전수하던 조직으로, 브람 스토커와 예이츠 같은 유명 인사들도 속해 있었다.

젊은 시절의 크로울리

크로울리 학창 시절

호루스 신

Rose Edith Kelly
and Aleister Crowley

아내 로즈 에디스 켈리와 알레이스터 크로울리

크로울리는 뛰어난 재능을 인정받아 빠르게 지위를 높였지만, 방탕한 생활과 내부 불화로 인해 조직을 떠날 수 밖에 없었다. 이후, 그는 멕시코, 인도, 히말라야 등지를 여행하며 요가, 불교, 주역을 접하고 수행에 전념하게 된다. 특히, 크로울리는 인도에서 힌두교와 불교 수행법을 연구하며 의식 확장을 위한 수련을 이어갔다. 이러한 여정은 그에게 동서양의 영성 체계를 통합하는 단초를 제공했다.

　1903년, 크로울리는 로즈 에디스 켈리와 결혼하고, 이듬해 이집트로 신혼여행을 떠난다. 그런데, 카이로에 머물던 밤, 부인은 크로울리에게, 이집트의 호루스 신이 그를 만나고 싶어한다는 말을 전한다. 박물관에서 그녀가 가리킨 목관에는 놀랍게도 '666'이라는 분류 번호가 붙어 있었고, 이 사건은 크로울리에게 깊은 인상을 남긴다. 이후 그는 초자연적 존재 '아이와스(Aiwass)'로부터 계시를 받았다고 주장하며 『법의 서(The Book of the Law)』를 집필한다. 그는 이 책을 통해 '텔레마(Thelema)'라는 사상을 세우고, 인간은 각자의 진정한 의지를 따라 살아야 한다고 선언한다. 텔레마는 자유의지의 신성함을 강조하며, 기존 종교의 금욕적 도덕관에 맞서는 철학이었다.

　이집트에서 돌아온 후, 크로울리는 마법을 '의지에 따라 변화를 일으키는 과학이자 예술'이라 정의하며, 이를 실천하기 위해 다양한 의식 마법과 성적 제의를 수행했다. 그는 성적 에너지야말로 의식을 초월하는 힘이라 믿었고, 이를 위해 약물, 그룹 섹스, 동성애, 심지어 동물과의 성교까지 시도했다고 알려져 있다. 또한, 그는 이탈리아의 세팔루에 '텔레미의 시 원(Abbey of Thelema)'을 세워 율법과 마법을 가르쳤으나, 그곳에서 일어난 사망 사건과 기이한 의식들로 인해 얼마 안 가 사원은 폐쇄된다.

1910년대에는 독일의 상류층 프리메이슨 단체인 동방성당기사단(O.T.O.)에 가입하여, 훗날 그랜드 마스터의 자리를 계승한다. 그는 이 조직을 통해 텔레마 사상을 더욱 널리 퍼뜨렸으며, 마법 실천과 철학의 결합을 꾀했다. 하지만 1934년, 크로울리는 자신을 흑마술사로 묘사한 화가 니나 햄닛을 명예훼손으로 고소하면서 송사에 휘말리게 된다. 법정에서는 텔레마 사원에서의 사망 사건까지 거론되었고, 결국, 재판에서 패한 크로울리는 전 재산을 잃고 만다.

동방성당기사단의 연금으로 연명하던 크로울리는 1947년 아편 중독으로 세상을 떠났다. 그는 죽는 순간까지 아편을 손에서 놓지 않았다고 전해진다. 그는 비틀즈, 오지 오스본, 마릴린 맨슨, 레드 제플린 등의 대중문화 아이콘들에게 영향을 미쳤고, 현대 타로, 위카, 카오스 마법 등 오컬트 문화 전반에 거대한 흔적을 남겼다. 기독교를 거부하고, 억압된 욕망과 의지를 긍정했던 한 인간. 크로울리는 죽음 이후에도, '짐승 666'이라는 이름으로, 현대 오컬티즘의 가장 강력한 상징이 되었다.

동방성당기사단

Jan: 10th 1910

The Beast 666

마법의식을 행할 때의 크로울리

1-3
크로울리의 텔레마

'텔레마(Thelema)'는 알레이스터 크로울리가 1904년 『법의 서(The Book of the Law)』에서 제시한 종교적·철학적 체계로, 그 핵심은 다음 한 문장에 집약된다:

"Do what thou wilt shall be the whole of the Law."(네가 원하는 바를 행하라. 그것이 곧 법이니라.)

이 문장에서 'wilt'는 단순한 욕망이 아니라, 우주의 질서와 조화를 이루는 진정한 의지(True Will)를 의미한다. 즉, 텔레마는 방종이나 자기중심적인 욕망을 따르라는 말이 아니라, 각 개인이 자기 존재의 본질과 목적을 깨닫고, 그것을 실현하며 살아가야 한다는 철학이다.

'텔레마'의 세 가지 핵심 명제

크로울리는 『법의 서』를 통해 텔레마 철학의 세 가지 근본 문장을 제시했다:

"Do what thou wilt shall be the whole of the Law."
→ 진정한 의지를 따르는 것이 곧 법이다.
"Love is the law, love under will."
→ 사랑은 법이지만, 그것은 의지 아래에 있어야 한다.
"Every man and every woman is a star."
→ 모든 인간은 고유한 궤도를 지닌 하나의 별이며, 그 자체로 우주의 일부다.
이 명제들은 모두 개인의 자율성과 영적 독립성, 존재의 고유성을 강조한다.

텔레마 철학은 '새로운 시대(New Aeon)'의 도래와 연결된다. 크로울리는 이 시대를 '호루스의 시대(Aeon of Horus)'라고 불렀다. 그는 이전의 인류 역사(이시스의 시대-자연숭배, 오시리스의 시대-희생과 복종 중심의 종교)가 끝나고, 이제는 인간 각자가 신성과 진리를 스스로 실현하는 시대가 도래했다고 선언했다. '호루스'는 고대 이집트 신화에서 전쟁과 어린 왕을 상징하는 신으로, 크로울리는 이를 통해 개인의 자각, 자율, 책임을 중심으로 하는 영적 진화를 상징적으로 표현했다.

텔레마는 단순한 철학이 아니기 때문에, 의식, 명상, 마법 수행, 종교적 예식등을 통해 실천할 수 있다. 대표적인 실천 방식은 다음과 같다.

Gnostic Mass: 텔레마 철학을 구현한 영지주의적 미사 의식.
Liber Resh: 하루 네 번 태양에 경배하는 의식.
Holy Guardian Angel과의 교류: 개인의 참된 의지를 인식하는 영적 통과의례.

텔레마 상징

텔레마는 단순히 과거의 오컬트 이론에 머무르지 않고, 현대에도 다양한 오컬티스트, 신비주의자, 종교 공동체에 의해 실천되고 있다. 특히 개인의 자유와 자기실현, 종교의 자율성, 의식 확장을 중시하는 텔레마는 현대 영성 문화와 맞닿아 있으며, 대중문화와 철학적 담론 속에서도 재해석되고 있다.

1-4
크로울리의 저서

알레이스터 크로울리의 저작은 단순한 마법 실용서도, 종교 경전도 아니다. 그것은 자신을 신으로 만들고, 세계를 다시 쓰기 위한 한 인간의 서사이자 선언이었다. 시, 소설, 철학서, 마법 교본, 신화를 닮은 이야기까지, 그는 장르의 경계를 넘나들며 자신만의 우주를 구축했다.

그의 사상을 관통하는 핵심 저작은 1904년 카이로에서 초월적 존재 아이와스(Aiwass)로부터 계시받았다고 주장한 『법의 서(The Book of the Law, Liber AL vel Legis)』이다. 단 세 장으로 이루어진 이 책은 텔레마(Thelema) 철학의 출발점으로, "Do what thou wilt shall be the whole of the Law."라는 선언을 중심으로 한다. 이는 무한한 자유의 외침이자, 각자의 고유한 질서로 세계와 조응하라는 내면의 명령이다. 크로울리는 이 책을 통해 시대의 전환과 인간 의지의 신성함을 설파했다.

그는 이후 이 책을 해설하고 실천으로 옮기기 위해 『Magick in Theory

The Book of Lies

777, 카빌라 상관표

and Practice』와 『Book 4 (Liber ABA)』를 집필했다. 이 저작들에는 마법 이론, 상징과 의식, 요가와 명상, 성 마법과 소환술 등 그가 체계화한 전 영역의 실천이 담겨 있다. 그에게 마법은 단순한 주문이 아니라, 자기 완성의 도구였다.

크로울리는 실용적이면서도 실험적인 형식의 책들도 남겼다. 『The Book of Lies』는 짧은 시와 수수께끼로 구성되어 있으며, 해석하는 자의 의식을 시험하며 독자에게 새로운 경험을 제공해준다. 『The Book of Thoth』는 그가 직접 디자인한 토트 타로 카드의 해설서로, 타로를 카발라와 점성술의 상징체계 속에서 분석했다. 각 카드에는 고대 상징과 신화, 연금술적 개념이 결합되어 있으며, 크로울리는 이를 단순한 점술 도구가 아닌 우주적 구조와 의식의 작동 방식을 해석하는 철학적 지도로 보았다.

그는 마약과 의식 확장을 소재로 한 소설도 집필했다. 『Diary of a Drug Fiend』는 마약 중독과 회복 과정을 다룬 자전적 이야기로, 실험적 삶과 영적 탐색이 교차하는 서사다.

또한, 크로울리는 『777』이라는 제목의 카발라 상관표를 만들고, 히브리 문자, 천사의 이름, 신화, 점성술, 타로, 색채 등 다양한 상징들을 카발라의 생명나무 구조 속에 대응시킨 연관표를 통해 마법적 상징체계를 체계화했다. 그리고 『The Equinox』라는 잡지를 통해 자신의 이론과 실천을 정기적으로 발표했고, 『Goetia』를 편집하여 소환 마법의 고전을 현대적으로 재정리했다. 크로울리의 모든 직업의 핵심에는 힌 가지 목적이 있었다. "자신의 법을 중심으로 세계를 다시 쓰는 것."

그의 책은 때로는 난해하고 과장되며 모순되기도 한다. 하지만 그 모든 글들은 결국 한 방향을 향한다. '인간은 신이 될 수 있다.' 진정한 의지를 발견하고, 의식을 조율하며, 자기 세계를 창조하려는 시도. 이것이 바로 크로울리의 저작이 남긴 가장 강력한 메시지다.

크로울리의 주요 저작

① 『The Book of the Law (Liber AL vel Legis)』
텔레마의 계시 경전. "Do what thou wilt shall be the whole of the Law." ("네가 원하는 바를 행하라. 그것이 곧 법이니라.")라는 핵심 구절을 중심으로 인간 의지의 신성을 선언.

② 『Magick in Theory and Practice』
마법의 이론과 실천을 총체적으로 정리. 의식 마법, 상징, 성 마법 등 폭넓은 주제를 포괄.

③ 『Book 4 (Liber ABA)』
의식 마법, 요가, 명상 등 수행 전반을 아우른 종합서. 현대 마법 입문자들의 필독서.

④ 『The Book of Lies』
짧은 시와 수수께끼 형식의 글로 구성된 실험적 저작. 해석하는 자의 의식을 시험함.

⑤ 『The Book of Thoth』
토트 타로 카드 해설서. 카발라, 점성술과의 연결을 체계적으로 설명.

⑥ 『Diary of a Drug Fiend』
마약과 의식의 실험을 다룬 반자전적 소설. 퇴폐와 각성, 회복이 교차하는 서사.

⑦ 『777』
신의 이름, 천사의 분류, 상징 연관표를 정리한 카발라 분석 도표.

⑧ 『The Goetia』
72 악령 소환 의식을 정리한 해설서. 솔로몬의 열쇠 편집판.

⑨ 『The Equinox』
크로울리가 편집한 정기 간행물. 마법 실천과 철학을 체계적으로 발표.

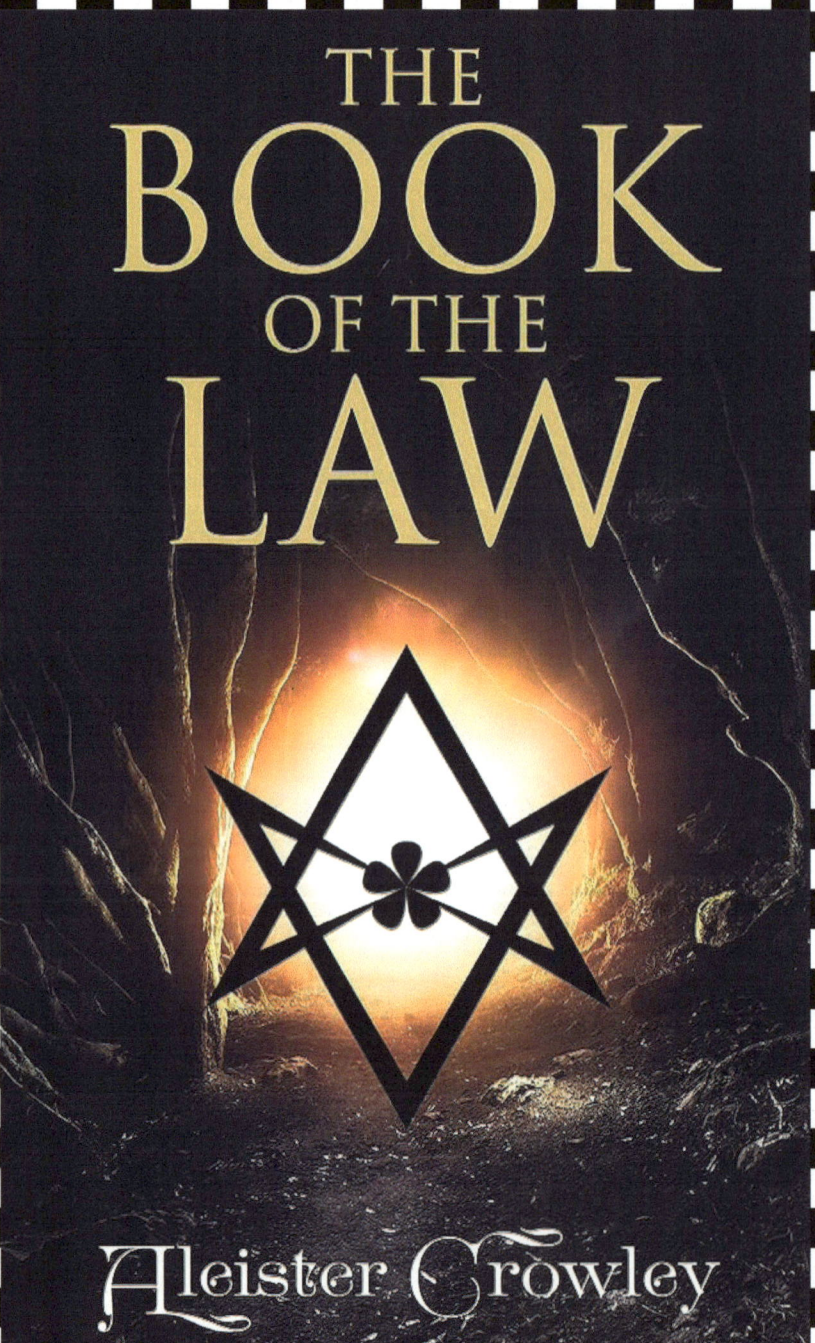

The Book of the Law
(Liber AL vel Legis)

Liber AL vel Legis, commonly known as The Book of the Law, is the central sacred text of Thelema. The book contains three chapters, each of which was alleged to be written down in one hour, beginning at noon, on 8 April, 9 April, and 10 April in Cairo, Egypt, in the year 1904. Crowley says that the author was an entity named Aiwass, whom he later referred to as his personal Holy Guardian Angel.

ALEI
CRO
MA
IN THEORY A
INCLUDES AL

"MAGICK is the Science and Art of causing Change to occur in conformity with Will"

_Aleister Crowley, from the Introduction

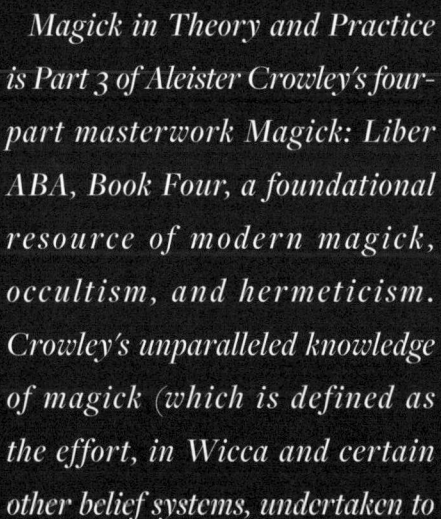

Magick in Theory and Practice is Part 3 of Aleister Crowley's four-part masterwork Magick: Liber ABA, Book Four, a foundational resource of modern magick, occultism, and hermeticism. Crowley's unparalleled knowledge of magick (which is defined as the effort, in Wicca and certain other belief systems, undertaken to affect personal transformation or external change), acquired as both scholar and practitioner, made him one of the world's leading experts on the subject. He was a British occult mystic who even created his own esoteric, magick-based spiritual philosophy called Thelema, for which he wrote the sacred texts.

Magick in Theory and Practice

ALEISTER CROWLEY

MAGICK

BOOK FOUR • LIBER ABA

PART I • MYSTICISM
PART II • MAGICK (ELEMENTARY THEORY)
PART III • MAGICK IN THEORY AND PRACTICE
PART IV • THELEMA – THE LAW

REVISED AND ENLARGED

Book 4
(Liber ABA)

Aleister Crowley devoted twenty-five years to writing and producing the four parts of this book. It is his magnum opus, in which he systematically expounds the mystical and magical theories and techniques taught in his magical orders, the A∴A∴ and the O.T.O.

This profusely illustrated new edition brings together the complete texts of all four parts of Liber ABA (Book 4) in one volume under the overall title Magick. This edition incorporates Crowley's own additions, corrections, and annotations, and restores dozens of passages omitted from all earlier editions.

Magick is the fundamental textbook of modern magick in the New Æon. It also has invaluable teachings for students of Yoga and meditation. Crowley mastered the practices of Yoga during his studies in the East, and writes about them lucidly, without recourse to the imprecise language of mysticism.

Beginning with a discussion of the universal origin of world religions in mystical revelation, Magick then explores the theory and practice of mysticism and magick in the light of modern scientific thought. Crowley's own revelation, The Book of the Law, is then treated as a case study, with an autobiographical study of events leading to its reception.

THE BOOK OF THOTH
(Egyptian Tarot)

by
THE MASTER THERION
(Aleister Crowley)

The Book of Thoth

Used for many years by students of the occult for study of the tarot and as a key to all Western mystery traditions, The Book of Thoth is on the short list of must-have textbooks for modern students of the tarot and esoteric studies. "The Tarot is a pictorial representation of the Forces of Nature as conceived by the Ancients according to a conventional symbolism. At first sight one would suppose this arrangement to be arbitrary, but it is not. It is necessitated by the structure of the universe, and in particular of the Solar System, as symbolized by the Holy Qabalah."-Aleister Crowley The Thoth Tarot Deck (or "Crowley Deck" as it is more widely known) is one of the most popular decks in current use. It is also one of the most original interpretations of the tarot, incorporating astrological, numerological, and Qabalistic symbolism. The Thoth Tarot codifies a wealth of wisdom and traditional lore in a suite of 78 miniature paintings of deceptive simplicity

Diary of a Drug Fiend

2013 Reprint of 1923 Edition. Exact facsimile of the original edition, not reproduced with Optical Recognition Software. "Diary of a Drug Fiend", published in 1922, was occult writer and mystic Aleister Crowley's first published novel, and is also reportedly the earliest known reference to the Abbey of Thelema in Sicily. The story is widely thought to be based upon Crowley's own drug experiences, despite being written as a fiction. This seems almost conclusively confirmed by Crowley's statement in the novel's preface: "This is a true story. It has been rewritten only so far as was necessary to conceal personalities." Crowley's own recreational drug use and also his personal struggle with drug addiction, particularly heroin, is well documented.

THE GOETIA
OF SOLOMON THE KING

TRANSLATED INTO THE ENGLISH TONGUE
BY
S. L. MACGREGOR MATHERS

EDITED, VERIFIED, INTRODUCED AND COMMENTED
BY
ALEISTER CROWLEY

The Goetia

This first Book of the Lesser Key of Solomon the King is one of the most famous and influential works on Ceremonial Magic and Demonology. It names and describes the forms and functions of 72 Infernal Spirits, and also gives instructions for calling them forth. Translated by S. L. MacGregor Mathers and edited by Aleister Crowley.

The Equinox

THE METHOD OF SCIENCE

THE EQUINOX
4

THE AIM OF RELIGION

The Equinox (subtitle: "The Review of Scientific Illuminism") is a series of publications in book form that serves as the official organ of the A.A., a magical order founded by Aleister Crowley (although material is often of import to its sister organization, Ordo Templi Orientis). Begun in 1909, it mainly features articles about occultism and magick, while several issues also contain poetry, fiction, plays, artwork, and biographies.

앙크-아프-나-콘수의 비석

Two:

The Book of the Law

법의서

INTRO.

❶ 이 책에 대하여

1. 이 책은 1904년 4월 8일, 9일, 10일. 사흘에 걸쳐 정오부터 오후 한 시 사이, 카이로에서 구술되었노라.
저자는 자신을 아이와스(Aiwass)라고 칭하였으며, '후르-파르-크라트(Hoor-Paar-Kraat)의 사자'라 주장하였느니라. 다시 말해, 후술하겠지만, 현 세상의 지배 권세로부터 파견된 사자(messenger)다.
그가 과연 인류보다 위에 있는 존재임을, 그리하여 권위를 지닌 자로서 말할 자격이 있음을, 어찌 증명할 수 있었겠는가? 분명히 그는 그 누구도 소유하지 못했던 지식과 힘을 드러냄으로써 이를 반드시 입증할 것이다.

2. 그는 그 지식을 주로 암호문과 암호로 된 방식을 통해 드러냈었다. 이는 심

오한 진리를 포함하였으며, 그중에는 아직 일어나지 않은 사건들조차 있었느니라. 그것들은 인간이 미리 알 수도 없는 것들이다. 그러므로, 그의 주장에 대한 증거는 이 필사본 자체에 깃들어 있는 것이다. 이는 그 어떤 인간의 증언에도 의존하지 않느니라.

이러한 구절들을 해독하고자 한다면, 인간으로서 가닿을 수 있는 가장 숭고한 학식을 요구하나니, 오랜 세월에 걸친 몰입과 탐구 없이는 도무지 그 뜻을 이해하기 어려우니라. 아직도 밝혀야 할 바가 많으나, 지금껏 드러난 것만으로도 그의 주장은 정당하도다. 가장 회의적인 이성조차도 그 진실을 인정할 수밖에 없느니라.

이 문제는 수년간 고된 연구 끝에 깨달음에 도달한 마스터 테리온(Master Therion)의 인도를 받아 살피는 것이 가장 마땅하니라.

3. 아이와스의 인간을 초월한 힘은, 그의 주인/스승(Master)과 이 책이 현실의 사건들에 미친 영향으로 드러났도다. 역사 또한, 그가 내세운 주장을 온전히 뒷받침하고 있다. 이 사실들은 누구라도 인지할 수 있으니, 마스터 테리온(Therion)의 인도를 받는다면 더욱 깊이 이해할 수 있으리라.

4. 이 책의 구술에 이르기까지의 전 과정을 상세히 기록한 서사와, 사본의 필사본 원문 이미지, 그리고 마스터 테리온의 논고는『신들의 주야평분점(The Equinox of the Gods)』에 실려 있다.

Ⅱ 우주

이 책은 우주를 설명하노라.

그 구성 원소는 누이트(Nuit)-공간-즉, 만물의 모든 가능성을 아우르는 전체이며, 하딧(Hadit)은 그 가능성들을 경험하는 하나의 점이다.(이 개념은 문학적 편의상 이집트 여신 누이트로 상징되며, 그녀는 밤하늘의 아치처럼 몸을 휘어 감싸는 나신의 여인으로 묘사되느니라. 하딧(Hadit)은 누이트의 심장부에 있는 날개 달린 구체로 상징된다.)

모든 사건은 하나의 모나드(monad, 단자: 무엇으로도 나눌 수 없는 궁극적인 실체)가 자신에게 가능한 경험 가운데 하나와 결합하는 것이니라.

"모든 남자와 여자는 하나의 별이다"라 함은, 그러한 경험들의 총체로 이루어진 존재이며, 각 사건을 통해 의식적이든 무의식적이든 끊임없이 변화하는 존재임을 뜻하느니라.

그리하여 우리 각자는 자기만의 우주를 지니고 있으나, 모든 가능한 경험을 포괄하는 순간, 그것은 모든 이에게 동일한 우주가 되느니라. 이는 곧, 의식이 다른 모든 의식을 포함하는 방향으로 확장됨을 뜻하느니라.

지금의 단계에서, 네가 보는 대상과 내가 보는 대상은 결코 같지 않다. 다만 너의 경험과 나의 경험이 여러 면에서 일치하기에, 우리는 그것이 동일하다고 추론하는 것이다.

예를 들어, 친구가 우리 사이를 걷고 있을 때, 너는 그의 왼편을 보고, 나는 그의 오른편을 본다. 그럼에도 우리는 그를 같은 사람이라 여긴다. 단지 그의 외형뿐 아니라, 성질에 대해서도 우리가 각자 알고 있는 바가 서로 다를 지언정, 우리는 그 동일성(identity)을 믿게 된다.

그와 자주 마주하고, 더욱 알아갈수록, 그에 대한 동일성의 확신은 강해진다. 그러나 결국 우리들이 알게 되는 것은 고작 마음속에 새겨진 전체적인 인상일 뿐이다.

이상의 설명은, 존재하는 모든 철학 학파들을 화해시키는 하나의 체계를 밝히려는 아주 거친 시도라고 할 수 있다.

Ⅲ 텔레마의 율법

이 책은 단순한 삶의 규범을 제시하느니라.
"네가 뜻하는 바를 행하라. 이것이 법의 전부이니라."
"사랑은 법이요, 사랑은 뜻 아래 있느니라."
"'네가 뜻하는 바를 행하라' 외에 다른 법은 없느니라."

이는 우리 각자가 하나의 별처럼, 자신의 위치가 지닌 본성, 성장의 법칙, 그리고 과거의 경험들이 일으키는 충동에 따라 자기 궤도를 따라 움직여야 함을 뜻하느니라.

모든 사건은 이론상 우리 모두에게 동등하게 허용되며, 결국에는 모두 필연적인 것이나, 실천에 있어서는 주어진 순간마다 우리 각자에게 허용된 단 하나의 행위만이 있느니라.

그러므로 의무란, 매 순간의 의식 속에서 올바른 사건을 선택하여 경험하는 것이니라. 각 행위, 혹은 움직임은 사랑의 행위이며, 이는 누이트의 어떤 부분과의 결합이니라. 이러한 모든 행위는 반드시 "뜻(의지) 아래" 이루어져야 하며, 그 존재의 참된 본성을 완성시키고 훼손하지 않도록 선택되어야 하느니라.

이 뜻을 성취하기 위한 기술적 방법은 마법(Magick)속에서 탐구하거나, 마스터 테리온과 그가 임명한 조력자들에게서 직접 가르침을 받음으로써 익히게 되느니라.

텔레마(Thelema)는 헬라어로 '의지'를 뜻하며, 이는 '사랑(Agape)'과 동일한 수비학적 수를 지니느니라.

Ⅳ 새로운 아이온(Aeon)

이 책의 세 번째 장은 이해하기 어려우며, 1904년 4월 -이 책이 기록된 시기- 이전 세대에게는 매우 불쾌하게 느껴질 수도 있느니라. 이 장은 우리가 지금 진입한 시대의 특징들을 말하고 있도다. 겉으로 보기에는 그것들이 참으로 무시무시해 보이나, 우리는 이미 그 일부를 섬뜩할 만큼 분명히 목도하고 있도다. 그러나 두려워 말지니라!

이 장은 어떤 거대한 "별들"(혹은 경험의 집합체들)이 신들로 묘사될 수 있음을 말하느니라. 이 중 하나는 2,000년 주기로 이 지구의 운명을 관장하느니라. 우리가 아는 정확한 세계사 안에서 그러한 세 신이 등장하였도다.

먼저 이시스(Isis), 어머니의 시대-

이때 우주는 단순히 그녀로부터 직접 흡수되는 양육의 대상으로 여겨졌으며, 이 시기는 모권제(母權制) 사회로 나타났느니라.

그다음, 기원전 500년경부터는 오시리스(Osiris), 아버지의 시대-
이때 우주는 사랑, 죽음, 부활이라는 격동의 과정을 통해 경험이 축적되는 것으로 여겨졌으며, 이는 부권제(父權制) 체제에 해당하느니라.

그리고 이제는 호루스(Horus), 아이의 시대-
이 시대는 두 방법의 요소가 결합된 연속적인 성장의 흐름으로 사건들이 인식되며, 어떠한 외적 환경에도 굴복하지 않게 되느니라. 이 시대는 개인이 사회의 기본 단위로 인식되는 시기이니라.
우리는 이 글의 첫 단락들에서 말한 바와 같이 스스로를 자각하였도다.
죽음을 포함한 모든 사건은, 우리가 태초부터 자유의지로 선택한 것이며, 그러하기에 동시에 예정된 경험이니라.
이 "신" 호루스는 기술적으로 헤루-라-하(Heru-Ra-Ha)라 불리며, 이는 라-후르-쿠이트(Ra-Hoor-Khuit)와 후르-파르-크라트(Hoor-Paar-Kraat)라는 쌍둥이 신들의 결합체니라.

이 교의의 의미는 마법(Magick)을 통해 연구되어야 하느니라.(그는 매의 머리를 한 신으로서 왕좌에 앉은 모습으로 상징되도다.) 그는 1904년부터 시작된 이 2,000년 시대를 다스리며, 그의 통치는 지금 이 순간에도 세상 곳곳에 뿌리내리고 있느니라.

그대 스스로 보라-

죄의식의 쇠퇴, 순진함과 무책임함의 증대, 양성적 또는 중성적으로 변모하는 생식 본능의 이상한 변화, 진보에 대한 유년기의 확신과, 종말에 대한 악몽 같은 공포가 병존하는 현상들을.

우리는 그 위험을 경계하면서도 아직 절반쯤은 대비하기를 거부하고 있느니라.

생각해 보라-

도덕적 성장이 가장 미숙한 단계에서만 가능한 독재정권의 대두, 유아적인 숭배 운동들, 이를테면 공산주의, 파시즘, 평화주의, 건강 광풍, 그리고 거의 모든 형태의 오컬티즘과, 실질적으로 소멸에 가까운 수준으로 감상주의에 빠진 종교들.

또한 생각해 보라-

영화관, 라디오, 추첨 게임 같은 것들이 얼마나 인기 있는지. 이 모든 것은 소란스러운 유아들을 달래기 위한 장치들이요, 그 안에는 어떤 목적의 씨앗도 없느니라. 스포츠, 그것이 불러일으키는 유치한 열광과 분노, 소년들의 말다툼에 온 나라가 들썩이는 모습을 보라.

그리고 전쟁, 매일 벌어지는 참혹한 일들에도 우리는 무감하고, 걱정조차 하지 않게 되었느니라.

우리는 아이들이니라.

이 새로운 호루스의 아이온이 어떻게 펼쳐질 것인가, 이 아이가 어떻게 성장할 것인가는 바로 우리가 스스로 성장하여 텔레마의 율법 아래 마스터 테리온의 계몽된 인도를 받음으로써 결정하게 되리라.

*시대가 전환되는 이 순간은 '신들의 주야평분점(The Equinox of the Gods)'이라 불리느니라.

Ⓥ 다음의 단계

민주주의는 비틀거리고 있도다.
사나운 파시즘, 깔깔대는 공산주의-둘 다 사기이며, 광기 어린 춤을 추며 전 세계를 휘감고 있느니라.
그들은 우리를 포위하고 있도다.
그들은 아이, 곧 호루스(Horus)의 새로운 아이온의 기형적 탄생물이니라.
그러나 자유는 다시금 시간의 자궁 안에서 꿈틀거리기 시작하였느니라.
진화는 반사회주의적인 경로를 통해 변화를 이룩하느니라.
시대의 흐름을 예견하고 상황에 지혜롭게 적응하는 "비정상적 인간"은 무리에게 조롱당하고, 박해받고, 때로는 말살되느니라. 그러나 그와 그의 후손은 위기가 닥쳤을 때 살아남게 되리라.
오늘날 우리 위에 드리운 위험은, 역사상 그 유례를 찾을 수 없는 것이니라. 우리는 점점 더 많은 방식으로 개인을 억압하고 있으며, 무리의 관점으로만 사고하느니라.

이제 전쟁은 더 이상 군인만 죽이지 않도다. 전쟁은 무차별적으로 모든 이를 죽이느니라. 가장 민주적인 정부이든, 가장 독재적인 정부이든, 그들이 내놓는 새로운 조치는 본질상 공산주의적인 것이니라. 그 모든 조치는 곧 제한이요, 억제이니라.

우리는 모두 바보 같은 아이 취급을 받고 있도다.

도라(Dora) 법, 상점법, 자동차 규제, 일요일 억압, 검열-

그들은 우리에게 도로를 마음대로 건너는 자유조차 허락하지 않느니라.

파시즘은 공산주의와 같으되, 그 위에 기만이 얹혀 있느니라.

독재자들은 예술, 문학, 연극, 음악, 보도를 모조리 억압하나니, 그들의 기준에 맞지 않으면 무엇도 용납하지 않느니라. 그러나 세상을 움직이는 것은 천재의 빛이니라. 무리는 그 전체로써 멸망하리라.

텔레마의 율법을 확립함만이, 개인의 자유를 보존하고 인류의 미래를 보장할 유일한 길이니라.

그 유명한 코므트 드 페닉스(Comte de Fénix)의 역설적 언설이 이를 증명하느니라:

"국가의 절대 권력은 각 개인 의지의 절대 자유에 기반하여야 하느니라."

이 위대한 사역에 있어, 모든 남녀는 마스터 테리온과 함께 협력할 것을 초대받았느니라.

O. M.

Chapter 1. The Book of the Law

제1장

1. 하드여! 누이트의 현현이시니라.
2. 하늘의 군세가 드러나 보이도다.
3. 모든 남자와 모든 여자는 하나의 별이니라.
4. 모든 수는 무한하니, 그 사이에 차별이 없도다.
5. 도와주소서, 오 테베의 전사 군주여! 인간들의 자손 앞에서 나의 드러남에 힘을 더하소서.
6. 그대는 하딧(Hadit)이 되소서-나의 비밀스런 중심, 나의 심장이며 나의 혀이시니라!
7. 보라! 이 말씀은 후르-파르-크라트(Ra-Hoor-Khuit)의 사자, 아이와스에 의해 계시되었느니라.
8. 캅스는 쿠 안에 있고, 쿠가 캅스(Khabs) 안에 있지 아니하도다.

9. 그러므로 캅스를 경배하라, 그리하면 나의 빛이 그대들에게 쏟아지리라!
10. 나의 종들은 적고 은밀할지니, 그들은 다수와 알려진 자들을 다스리리라.
11. 사람들이 경배하는 이들은 어리석은 자들이니, 그들의 신들도, 그들 자신도 어리석도다.
12. 나아오라, 오 아이들이여! 별들 아래에서 나와 사랑을 마음껏 나누어라!
13. 나는 그대들 위에 있으며, 또한 그대들 안에 있느니라. 나의 황홀은 그대들의 황홀이며, 나의 기쁨은 그대들의 기쁨을 보는 것이니라.
14. 위를 보라, 보석으로 수놓인 푸른 창공은 누이트의 나신의 광휘이니, 그녀는 황홀 속에서 몸을 굽혀 하딧의 은밀한 열정을 입맞춤하도다. 날개 달린 구체(지구)와 별빛 어린 푸름은 내 것이라, 오 앙크-아프-나-콘수여 (Ankh-af-na-khonsu)!
15. 이제 그대들은 알게 되리라—무한한 공간의 택함 받은 제사장이자 사도는 곧 짐승이라 불리는 군왕 제사장이니라. 그의 여인, '붉은 여인'이라 불리는 그녀에게는 모든 권능이 주어졌느니라. 그들은 나의 자녀들을 불러 모을 것이며, 별들의 영광을 인간의 심장 속에 가져오리라.
16. 그는 언제나 해와 같고, 그녀는 언제나 달과 같도다. 그러나 그에게는 날개 달린 비밀의 불꽃이 있고, 그녀에게는 몸을 굽힌 별빛이 있느니라.
17. 그러나 그대들은 그와 같이 선택받지 아니하였느니라.
18. 불타오르라, 오 찬란한 뱀아, 그들의 이마 위에!
19. 오 푸른 눈꺼풀의 여인이여, 그들 위에 몸을 굽히라!
20. 모든 의식의 열쇠는 내가 그에게 주었던 비밀스런 언어 속에 있느니라.
21. 신과 그를 경배하는 자와 함께할 때, 나는 아무것도 아니니라. 그들은 나를 보지 못하느니라. 그들은 땅에 있으나, 나는 하늘이니라. 나 외에 신은

없고, 나의 주 하딧 외에는 없느니라.

22. 그러므로 이제 나는 그대들에게 '누이트'라는 이름으로 알려지며, 그에게는 내가 그를 마침내 알게 될 때 비밀의 이름을 주리라. 나는 무한한 공간이며, 그 속의 무한한 별들이니, 그대들 또한 이와 같이 행하라. 어떤 것도 얽매지 말지니라! 그대들 사이에 어느 하나와 다른 하나 사이에 차이를 두지 말지어다. 차별은 해악을 낳느니라.

23. 그러나 이 일에 능통한 자가 있다면, 그는 모든 자들 가운데 으뜸이 되리라!

24. 나는 누이트이며, 나의 수는 오십육이니라.

25. 나누고, 더하고, 곱하고, 깨달으라.

26. 이에 아름다운 여신의 예언자요 종인 자가 말하였도다: "나는 누구이며, 그 징표는 무엇이리이까?" 그녀가 대답하였노라. 그녀는 푸르게 빛나는 불꽃으로 몸을 굽히며, 모든 것을 감싸고 꿰뚫는 존재로서, 그녀의 사랑스러운 손은 검은 대지에 닿고, 그녀의 유연한 몸은 사랑을 위해 활처럼 휘어졌으며, 그녀의 부드러운 발은 작은 꽃들을 해치지 않았느니라. "그대는 알고 있도다! 그리고 그 징표는 나의 황홀이니, 그것은 존재의 연속성에 대한 자각이며, 나의 몸이 어디에나 있음을 인식하는 것이니라."

27. 이에 제사장이 공간의 여왕께 대답하며, 그녀의 아름다운 이마에 입맞추고, 그녀의 빛의 이슬이 향기로운 땀방울이 되어 그의 온몸을 적시니 이르되: "오 하늘의 연속된 존재, 누이트여, 이리 되소서. 사람들이 그대를 하나라고 말하지 않고, '없다'고 말하게 하소서. 그들은 아예 그대를 말하지 않게 하소서. 그대는 연속적이시니라."

28. "없음"이라, 별들의 희미하고 요정 같은 빛이 속삭이니라-그리고 "둘".

29. 내가 나뉨은 사랑을 위함이며, 결합의 기회를 위함이니라.

30. 이것이 세계의 창조니라. 분리의 고통은 아무것도 아니요, 해체의 기쁨이 모든 것이니라.

31. 이 어리석은 인간들과 그들의 고통에 대하여, 그대는 조금도 마음 쓰지 말지니라! 그들은 거의 아무것도 느끼지 못하며, 현실은 미약한 기쁨으로 상쇄된다. 그러나 그대들은 나의 택함 받은 자들이니라.

32. 나의 예언자를 따르라! 나의 지식의 시련을 끝까지 따르라! 오직 나만을 찾으라! 그리하면 나의 사랑의 기쁨이 그대들을 모든 고통에서 구원하리라. 이는 참되니라-나는 내 몸의 궁창과, 나의 성스러운 심장과 혀와, 내가 그대들에게 줄 수 있는 모든 것과, 내가 그대들 모두에게 바라는 모든 것을 두고 맹세하노라.

33. 그때 제사장은 깊은 황홀 또는 실신에 빠져, 하늘의 여왕께 말하였느니라: "우리에게 시련을 기록해주소서! 우리에게 의식을 기록해주소서! 우리에게 율법을 기록해주소서!"

34. 그러나 그녀는 말하였도다: "시련은 내가 기록하지 아니하노라. 의식은 반쯤은 알려지고, 반쯤은 감추어지리라. 그러나 율법(Law)은 모든 이를 위한 것이니라."

35. 그대가 지금 쓰고 있는 이 책은 삼중의 율법의 책이니라.

36. 나의 서기 앙크-아프-나-콘수, 왕자들의 제사장은 이 책의 단 한 글자도 바꾸어서는 아니 되느니라. 그러나 어리석음이 일어날까 염려하여, 그는 라-후르-쿠이트의 지혜로써 이에 주석을 달게 되리라.

37. 또한 만트라와 주문들, 오비아(obeah)와 완가, 지팡이의 사역과 검의 사역-그는 이 모든 것을 배우고 가르치게 되리라.

38. 그는 반드시 가르쳐야 하되, 시련들을 엄격히 할 수도 있으리라.
39. 율법의 언어는 '텔레마(THELEMA)'니라.
40. 우리를 '텔레마인(Thelemites)'이라 부르는 자는 그르지 아니하리라. 그가 그 말 속을 깊이 들여다본다면 말이니라. 그 속에는 세 가지 등급이 있느니라: 은자(Hermit), 연인(Lover), 그리고 지상의 인간(The man of Earth)이니라. 네가 뜻하는 바를 행하라, 그것이 율법의 전부이니라.
41. 죄악의 이름은 제약이니라. 오 인간이여! 네 아내가 원한다면 거부하지 말지어다! 오 연인이여! 네가 원한다면 떠나라! 분리된 것을 결합시킬 수 있는 유일한 끈은 사랑이니, 그 외의 모든 것은 저주이니라.
   저주받으라! 저주받으라, 그 저주는 영겁에 걸쳐 있으리라! 지옥이로다.
42. 그것은 다수성이 얽매이고 혐오스러운 상태가 되게 하라. 그대의 모든 것으로 그러하라. 그대에게는 오직 너의 뜻을 행할 권리밖에 없느니라.
43. 그것을 행하라. 그러면 그 누구도 '아니라' 말하지 못하리라.
44. 순수한 의지-그 목적에 의해 달래지지 않고, 결과에 대한 욕망에서 해방된 의지는-모든 면에서 완전하니라.
45. 완전한 것과 완전한 것은 하나의 완전함이니, 둘이 아니며—아니, 아예 없음이니라!
46. 무(無, Nothing)는 이 율법의 비밀스러운 열쇠이니라. 유대인들은 그것을 예순하나라 부르고, 나는 그것을 여덟, 여든, 사백십팔이라 부르느니라.
47. 그러나 그들은 그 절반만을 가졌도다. 그대의 기술로 그것들을 결합하여, 모두가 사라지게 하라.
48. 나의 예언자는 그의 '하나, 하나, 하나'에 사로잡힌 어리석은 자로다. 그들은 소이며, 책에 의하면 '없음(None)'이 아니더냐?

49. 폐지되었느니라-모든 의식, 모든 시련, 모든 언어와 모든 표지가. 라-후르-쿠이트는 신들의 주야평분점(East at the Equinox)에서 동방에 자리를 잡았도다. 아사르(Asar)는 이사(Isa)와 함께 있을지니, 이 둘은 또한 하나니라. 그러나 그들은 나로부터 비롯된 것이 아니니라. 아사르는 경배하는 자가 되고, 이사는 고통받는 자가 될지어다. 후르는 그 비밀스런 이름과 광휘 속에서, 입문을 주재하는 주이니라.

50. 입문자적 과업(Hierophantic taskl)에 관하여 전할 말씀이 있도다.

    보라! 세 시련이 하나로 주어지며, 그것은 세 방식으로 나타날 수 있느니라. 거친 자는 불을 지나야 하며, 섬세한 자는 지성으로 시험을 받고, 높은 자로 선택된 이들은 가장 높은 것으로 시험을 받으리라. 이와 같이 별과 별, 체계와 체계가 따로 존재하니, 하나가 다른 하나를 깊이 알아서는 아니 되느니라.

51. 하나의 궁전에는 네 개의 문이 있느니라. 그 궁전의 바닥은 은과 금으로 되어 있고, 그곳에는 청금석과 벽옥이 있으며, 모든 귀한 향기들-자스민과 장미-그리고 죽음을 상징하는 것들이 있도다. 그가 네 개의 문을 차례로 혹은 한꺼번에 통과하여 그 궁전의 바닥에 서게 될지니, 그가 가라앉지 않겠는가?

    아멘. 오! 전사여, 만일 너의 종이 가라앉는다면 어찌 하겠는가? 허나 방법은 있으며 또 다른 방법도 있느니라. 그러므로 아름답게 하라: 모두 고운 옷을 입고, 기름진 음식을 먹고, 달콤한 포도주와 거품 이는 술을 마시리! 또한 사랑을 원하는 만큼, 원하는 때, 원하는 장소, 원하는 이와 함께 나누라! 다만 언제나 나를 향하여서만이니라.

52. 만약 이 모든 것이 제대로 이루어지지 않는다면-공간의 표식을 혼동하며

"그것들은 하나이다" 혹은 "그것들은 여럿이다"라고 말하며, 그 의식이 언제나 나를 향한 것이 아니게 된다면- 그리하면 라-후르-쿠이트의 무서운 심판을 기다릴지니라!

53. 이것이 세상을 다시 태어나게 하리라. 나의 여동생이요, 나의 심장이며 혀인 작은 세계를 위해-내가 그대에게 이 입맞춤을 보내노라. 또한, 오 서기요 예언자여, 네가 왕자들의 혈통이라 할지라도 이것이 너를 위로하지도 못하고, 면죄하지도 못하리라. 그러나 황홀은 네 것이며, 땅의 기쁨 또한 그대의 몫이니라. 언제나 나에게로! 나에게로!

54. 한 글자의 형식조차도 바꾸지 말지어다.

보라! 오 예언자여, 그대는 이 책에 감추어진 모든 신비들을 보지 못하리라.

55. 그러나 네 창자에서 태어날 그 아이는 그것들을 보게 되리라.

56. 그 아이를 동쪽에서도, 서쪽에서도 기다리지 말지니라. 그 아이는 어떤 예상된 집에서 오지 않으리니.

아움(Aum)! 모든 말은 성스럽고, 모든 예언자는 참되도다. 다만 그들은 오직 일부분만을 이해하였을 뿐이며, 방정식의 전반은 풀었되, 후반은 손대지 않았느니라. 그러나 그대는 모든 것을 밝은 빛 가운데 지니고 있으며, 어두움 속에서도 일부는 지니고 있도다-비록 전부는 아닐지라도.

57. 나를 부르라, 나의 별들 아래에서! 사랑은 법이니라, 사랑은 의지 아래에 있느니라. 어리석은 자들이 사랑을 오해하게 하지 말지니라; 사랑도 있고, 사랑도 또 있으니라. 비둘기가 있으며, 뱀이 있느니라.

잘 선택하라! 그대, 나의 예언자는 이미 선택하였도다. 그는 요새의 율법과 신의 집의 위대한 신비를 알고 있으니라.

이 책의 모든 오래된 글자들은 바르도다. 그러나 [짜디](Tzaddi)는 별이 아니니라. 이 또한 비밀이니, 나의 예언자가 이를 지혜 있는 자들에게 드러내리라.

58. 나는 땅 위에서 상상할 수 없는 기쁨들을 주느니라- 살아 있는 동안엔 확신을, 죽음 위에선 신념이 아닌 평온을, 말로 표현할 수 없는 안식과 황홀을. 그리고 나는 그 어떤 희생도 요구하지 않느니라.

59. 나의 향은 송진과 수지로 이루어진 나무에서 나며, 그 안에 피는 없느니라. 이는 나의 머리카락이 영원의 나무들이기 때문이니라.

60. 나의 수는 열하나요, 나와 함께 있는 자들의 수 또한 그러하니라. 오각성 오각성(五角星)안에 중앙의 원이 있으며, 그 원은 붉게 빛나느니라. 나의 색은 눈먼 자에게는 검정이요, 보는 자에게는 푸름과 황금이니라. 또한 나를 사랑하는 이들을 위해, 나는 감춰진 영광을 지니고 있느니라.

61. 그러나 나를 사랑하는 것은 모든 것보다도 낫도다. 밤하늘 아래 사막에서, 그대가 곧 나의 향을 피우며 순수한 마음으로, 그 안의 뱀의 불꽃으로 나를 부른다면, 그대는 나의 품에 이르러 잠시 누울 수 있으리라.

단 하나의 입맞춤을 위하여, 그대는 가진 모든 것을 바치게 되리라. 그러나 티끌 하나를 주는 자는, 그 순간 모든 것을 잃게 되리라.

그대들은 재물을 모으고, 여인들과 향신료들을 비축하리라. 화려한 보석을 걸치고, 세상의 민족들보다도 더 찬란하고 자만하게 되리라. 그러나 언제나 나를 사랑함 안에서만- 그리하여 마침내 나의 기쁨에 이르게 되리라.

나는 간절히 명하노니, 나 앞에 나아올 때 단 하나의 예복을 입고, 풍요로운 관을 쓰고 나아오라.

나는 그대를 사랑하노라! 나는 그대를 갈망하노라! 창백하든 자주빛이든, 베일을 쓰든 관능적이든- 나는 온갖 향락과 자줏빛, 감각의 가장 깊은 취기 그 자체인 자-그대를 원하노라. 날개를 펼치고, 그대 안의 감긴 영광을 일깨우라. 내게로 오라!

62. 내가 그대들과 만날 때마다, 여사제는 말하리라- 그녀는 벌거벗은 채, 나의 비밀의 신전 안에서 기쁨에 찬 채 서 있으며, 그 눈은 갈망으로 불타고 있으리라.

"내게로! 내게로!"

그녀의 사랑의 노래 속에서, 모든 이의 심장의 불꽃을 불러일으키며.

63. 나를 향한 황홀의 사랑 노래를 부르라!

나를 위해 향을 피우라!

나를 위해 보석을 착용하라!

나를 위해 마시라,

나는 그대를 사랑하노라! 나는 그대를 사랑하노라!

64. 나는 석양의 푸른 눈꺼풀을 지닌 딸이니, 나는 탐욕스러운 밤하늘의 나체의 찬란함이니라.

65. 내게로! 내게로!

66. 누이트의 현현은 이제 끝났느니라.

제2장

1. 누(NU)! 하딧의 은닉이니라.
2. 오라! 모두 오라! 아직 드러나지 않은 그 비밀을 배우라.
   나, 하딧은 누의 짝이니, 그녀는 나의 신부니라.
   나는 펼쳐진 존재가 아니며, 캅스는 나의 집*의 이름이니라.
3. 구의 안에서 나는 어디서나 중심이요, 그녀는 원의 둘레로서, 그 어디에서도 붙잡히지 않느니라.
4. 그러나 그녀는 알려질 것이며, 나는 결코 알려지지 않으리라.
5. 보라! 옛 시대의 의식들은 모두 암흑에 속하였느니라. 사악한 자들은 내던져질 것이며, 선한 의식들조차도 예언자에 의해 정화되어야 하느니라. 그리하면 이 지식이 바른 길을 걷게 되리라.
6. 나는 모든 인간의 심장에서 타오르는 불꽃이며, 모든 별의 핵에서 불붙는

---

* House, 편집자주: 점성술 하우스

존재니라. 나는 생명이요, 생명을 주는 자이되, 그러므로 나를 아는 것은 곧 죽음을 아는 것이니라.

7. 나는 마법사이며 구마사니라. 나는 수레바퀴의 축이요, 원 안의 정육면체니라. "내게로 오라"는 어리석은 말이니, 가는 이는 바로 나이기 때문이니라.

8. 후르-파-크라트를(Heru-pa-kraath) 숭배한 자들은 나를 숭배한 것이니, 그러나 그것은 잘못되었도다-나는 경배하는 자이기 때문이니라.

9. 모두 기억하라-존재란 순수한 기쁨이니, 모든 슬픔은 단지 그림자와 같아, 그것들은 지나가고 사라지되, 그러나 남는 것이 있으니라.

10. 오 예언자여! 그대는 이 기록을 배우기를 싫어하도다.

11. 나는 보노라-그대가 손과 펜을 증오하고 있음을. 허나 나는 그보다 더 강하도다.

12. 이는 네 안에 있는 나 때문이니, 그대는 그 존재를 알지 못하였느니라.

13. 어찌하여 그러한가? 그대는 아는 자였고, 나는 곧 그대였기 때문이니라.

14. 이제 이 성소를 가리는 휘장이 드리워지게 하라. 이제 빛이 사람들을 집어삼키고, 그들을 맹목으로써 먹어치우게 하라!

15. 나는 완전하니라-존재하지 않음(無)으로서. 어리석은 자들이 보기에 나의 수는 아홉이되, 정의로운 자들에게 나는 여덟이요, 여덟 속의 하나이니라. 이것은 중대한 일이니, 나는 실로 '없음'이기 때문이니라. 황후와 왕은 나의 것이 아니니, 그 너머에 또 다른 비밀이 있느니라.

16. 나는 황후이자 입문사제(히에로펀트)이니라.

    이리하여 열하나가 되나니, 나의 신부 또한 열하나이기 때문이니라.

17. 들으라, 오 한숨 짓는 백성들이여! 고통과 후회의 슬픔은 죽은 자들과 죽

어가는 자들의 몫이니, 그들은 아직 나를 알지 못하는 자들이니라.

18. 이 자들은 죽은 자들이며, 그들은 느끼지 못하느니라. 우리는 가난하고 슬픈 자들을 위하지 않나니, 땅의 군주들이 우리의 혈족이니라.

19. 신이 개 속에 깃들 수 있겠는가? 아니로다! 오직 가장 높은 이들만이 우리에 속하느니라. 그들은 기뻐하리니, 우리에게 택함 받은 자들이니라. 슬퍼하는 자는 우리에게 속하지 않느니라.

20. 아름다움과 힘, 껑충 뛰는 웃음과 감미로운 나른함, 폭발하는 기세와 불꽃-이 모두가 우리 것이니라.

21. 우리는 버림받은 자들과 부적합한 자들과 아무 관련이 없느니라. 그들은 그 고통 속에서 죽게 하라. 그들은 느끼지 못하니라. 연민은 왕의 악덕이니, 비참한 자들과 약한 자들을 짓밟으라. 이것이 강자의 법이요, 우리의 법이자, 세상의 기쁨이니라.

    오 왕이여, "그대는 죽어야만 하느니라"는 그 거짓말을 생각하지 말라. 진실로 그대는 죽지 않으리니, 살아 있으리라.

    이제 알지어다: 왕의 육체가 해체되더라도, 그는 순수한 황홀 속에 영원히 머물리라.

    누이트! 하딧! 라-후르-쿠이트! 태양, 힘, 시야, 빛- 이것들은 별과 뱀의 종들을 위한 것이니라.

22. 나는 지식과 기쁨, 찬란한 영광을 주는 뱀이니라. 나는 사람들의 마음을 술취함으로 뒤흔들리라.

    나를 경배하려면 포도주와 기이한 약물들을 취하라. 그 약들은 내가 나의 예언자에게 말하리니, 그것들로 취하라! 그것들은 결코 그대에게 해를 입히지 않으리라.

이 자기 자신을 거스르는 어리석음은 거짓이니라. 순수함을 폭로한다는 것도 거짓이니라.

강하라, 오 인간이여! 욕망하라! 감각과 황홀의 모든 것을 누리라. 어떠한 신도 그대의 이를 부정하지 않으리니, 두려워하지 말라.

23. 나는 홀로 있으니, 내가 있는 곳에는 어떠한 신도 없느니라.

24. 보라! 이것들은 중대한 신비들이니라. 나의 친구들 중에는 은둔자들도 있도다.

그러나 그들을 숲이나 산에서 찾으려 하지 말라. 자주빛 침상 위에서, 풍만한 팔다리를 지닌 장대한 여인들의 품에 안겨, 그녀들의 눈 속에는 불과 빛이 이글거리며, 불꽃 같은 머리칼이 흘러내리는 그곳- 바로 그곳에서 그들을 찾게 되리라.

그들은 다스릴 것이며, 승리의 군대 안에 있을 것이며, 모든 기쁨 속에 있을 것이니, 그 속의 기쁨은 지금의 기쁨보다 백만 배는 클 것이니라.

조심하라! 그 누구도 다른 이에게 강제하지 말지니라. 왕이 왕을 억압하지 말지어다! 불타는 마음으로 서로 사랑하라! 그러나 분노의 날에는, 그대들의 자긍심의 격렬한 욕망 속에서 천한 자들을 짓밟을지니라.

25. 그대들은 민중에 맞서는 자들이니라, 오 나의 택함 받은 자들이여!

26. 나는 몸을 말고 튀어 오를 준비를 하는 비밀스러운 뱀이니라. 내 감김 안에는 기쁨이 있느니라. 내가 머리를 들어올릴 때, 나는 누이트와 하나가 되며, 내가 머리를 떨구어 독을 뿜어낼 때, 그때는 대지의 황홀이 시작되며, 나는 대지와 하나가 되느니라.

27. 나 안에는 큰 위험이 있도다. 이 룬들을 이해하지 못하는 자는 큰 실수를 범하리니, 그는 '왜냐하면(Because)'이라 불리는 구덩이로 떨어질 것이며, 그

곳에서 이성의 개들과 함께 멸망하리라.

28. 이제 '왜냐하면(Because) 핑계대는 자들, 의심'과 그 족속들에게 저주 있으라!

29. '왜냐하면'은 영원토록 저주받을지어다!

30. 의지가 멈추고 "왜?"라 부르며 '왜냐하면'을 불러낼 때, 그 의지는 정지되고 아무것도 행하지 않게 되느니라.

31. 힘(Power)이 "왜?"라고 묻는다면, 그 힘은 곧 약함이 되느니라.

32. 또한 이성은 거짓이니, 그 이유는 무한하고 미지의 요소가 존재하기 때문이요, 그들의 모든 말은 비뚤어져 있기 때문이니라.

33. 이제 '왜냐하면(Because)'은 충분하도다! 그를 개처럼 저주받게 하라!

34. 그러나 너희여, 오 나의 백성들이여, 일어나라! 깨어나라!

35. 의식들은 기쁨과 아름다움 속에서 올바르게 집행될지어다!

36. 자연의 원소들을 위한 의식들이 있으며, 시대의 절기를 위한 축제들도 있느니라.

37. 예언자와 그의 신부가 처음으로 함께한 밤을 위한 축제가 있을지니라!

38. 『율법의 책』이 쓰인 삼일을 위한 축제가 있을지니라.

39. 타후티와 예언자의 아이를 위한 축제가 있으리라 – 오 예언자여, 이는 비밀이니라!

40. 최고의 의식을 위한 축제, 그리고 신들의 주야평분점을 위한 축제가 있으리라.

41. 불을 위한 축제, 물을 위한 축제, 삶을 위한 축제, 그리고 그보다 더 위대한 죽음을 위한 축제가 있으리라!

42. 매일 그대들의 가슴 속에서 나의 황홀의 기쁨으로 잔치를 벌이라!

43. 매일 밤 누에게 바치는 축제가 있으리니, 그것은 극한의 환희가 주는 쾌락

이니라!

44. 그래, 잔치를 벌이라! 기뻐하라! 죽음 이후에는 두려움이 없느니라. 존재는 해체되며, 누의 입맞춤 속에서 영원한 황홀이 있으니라.

45. 개들을 위한 죽음은 있으니라.

46. 그대는 실패하였는가?

    그대는 슬퍼하는가?

    그대의 마음에 두려움이 있느냐?

47. 내가 있는 곳에는 그러한 것들이 존재하지 않느니라.

48. 넘어진 자들을 불쌍히 여기지 말지어다! 나는 그들을 결코 알지 못하였노라. 나는 그들을 위한 존재가 아니니, 나는 위로하지 않으며, 위로받는 자와 위로하는 자를 모두 미워하노라.

49. 나는 유일한 존재이자 정복자니라. 나는 죽어가는 노예들과는 무관하니, 그들은 저주받고 죽을지어다! 아멘. (이는 넷에 속하는 것이니, 다섯째가 있으나 보이지 아니하도다. 그 안에서 나는 하나의 알 속 아기처럼 존재하느니라.)

50. 나는 푸르름이며, 나의 신부의 빛 속에서 금빛이 되며, 그러나 나의 눈빛 속에는 붉은 섬광이 있고, 내 장식은 자주색과 초록색으로 반짝이느니라.

51. 자줏빛을 넘어선 자줏빛-그것은 눈으로는 볼 수 없는 빛, 시각을 초월한 빛이니라.

52. 하나의 베일이 있도다. 그 베일은 검은색이니라.

    그것은 수줍은 여인의 베일, 슬픔의 베일, 그리고 죽음의 장막이니-그러나 그것들은 나와 아무 상관이 없느니라. 세기의 거짓 유령을 찢어 없애라! 그대의 악덕을 덕스러운 말로 가리지 말라! 그 악덕들은 나를 섬기는 행위이니라. 그대들은 잘 행하고 있으며, 나는 이곳과 저 너머에서 그대들을 보상하리라.

53. 두려워 말라, 오 예언자여. 이 말들이 발설되었을 때, 그대는 후회하지 아니하리라. 그대는 진실로 나의 선택된 자이니라. 그리고 그대가 기쁘게 바라보는 자들의 눈은 축복받으리라. 그러나 나는 그대를 슬픔의 가면 속에 숨기리니, 그대를 보는 자들은 그대가 타락하였다고 두려워하리라.
허나 나는 그대를 일으키리라.
54. 그대가 아무 뜻도 없다고 떠들며 어리석음을 외치는 자들-그들이 이기지 못하리라. 그대는 드러낼 것이며, 그대는 능히 해낼 것이니, 그들은 '왜냐하면(Because)'의 노예들이며, 그들은 내게 속하지 않았느니라. 쉼표와 마침표는 그대가 원하는 대로 하라. 그러나 글자들은 그 형식이나 값(수비학적 가치)을 바꾸지 말지니라!
55. 그대는 영문 알파벳의 순서와 값을 얻게 되리라. 그대는 그에 부여할 새로운 상징들을 발견하게 되리라.
56. 사라지라! 오 조롱하는 자들아!
비록 그대들이 나를 찬미하며 웃는다 하나, 그 웃음은 오래가지 않으리라. 그리고 그대들이 슬퍼질 그때, 그대들은 알게 되리라-내가 그대를 버렸음을.
57. 의로운 자는 여전히 의로울 것이며, 더러운 자는 여전히 더럽게 남으리라.
58. 그래! 변화라 생각하지 말라. 그대들은 있는 그대로 있을 것이며, 다른 것이 되지 않으리라. 그러므로 지상의 왕들은 영원히 왕으로 남고, 노예들은 섬기리라. 높아지거나 낮아질 자는 없느니라. 모든 것은 항상 그러하였고, 앞으로도 그러하리라.
그러나 가면을 쓴 자들 중에 나의 종들이 있느니라. 어쩌면 저기 있는 거지가 왕일지도 모르니라. 왕은 자신이 원하는 옷을 선택할 수 있으나, 거지는 자신의 가난을 숨길 수 없느니라.

59. 그러므로 조심하라! 모두를 사랑하라, 혹시 그 가운데 숨겨진 왕이 있을지 모르니! "그런가?" 말하는가? 어리석은 자여! 그가 진정 왕이라면, 그대는 그에게 아무런 해도 입히지 못하리라.

60. 그러므로 세차고 낮게 내려치라! 그리고 그들을 지옥으로 보내라, 주인이여!

61. 그대의 눈앞에 한 빛이 있도다, 오 예언자여-원하지 않으나, 가장 열망하게 되는 빛이니라.

62. 나는 그대의 가슴 속에서 치솟고 있으며, 별들의 입맞춤이 세차게 그대의 몸 위로 쏟아지고 있느니라.

63. 그대는 관능의 충만한 영감 속에 완전히 소진되었도다. 그 숨을 내쉼은 죽음보다 더 달콤하고, 지옥의 벌레가 속삭이는 듯한 쓰다듬음보다 더 빠르고 웃음 가득하니라.

64. 오! 그대는 압도당했도다. 우리가 그대 위에 있도다. 우리의 기쁨이 그대 전신을 감싸고 있느니라. 환호하라! 환호하라! 누의 예언자여! 하딧의 예언자여! 라-후르-쿠의 예언자여! 이제 기뻐하라! 이제 우리의 찬란함과 황홀 속으로 들어오라! 우리의 열정 어린 평화 속으로 오라, 그리고 왕들을 위한 달콤한 말들을 쓰라.

65. 나는 주인이니, 그대는 성스럽게 선택된 자니라.

66. 쓰라! 그리고 쓰는 가운데 황홀을 찾으라! 일하라! 그리고 일함 속에서 우리의 침상이 되라! 삶과 죽음의 기쁨으로 떨리라! 아! 그대의 죽음은 아름다우리니, 그것을 보는 자마다 기뻐하리라. 그대의 죽음은 우리 영원

의 사랑에 대한 약속의 인장이 되리라. 오라! 그대의 심장을 들어 올리고 기뻐하라! 우리는 하나이자, 없음(無)이니라.

67. 멈추라! 멈추라! 그대의 황홀 속에 버티라! 완전한 입맞춤의 실신 속으로 쓰러지지 말지어다!

68. 더욱 강하게! 스스로를 지탱하라! 그대의 머리를 들라! 숨을 그토록 깊게 쉬지 말라-죽으리니!

69. 아! 아! 이 감각은 무엇인가? 이 말은 다 소진되었는가?

70. 다른 주문들 안에 도움과 희망이 있느니라.

지혜는 말하느니라: 강하라! 그리하면 그대는 더 큰 기쁨을 견딜 수 있으리라. 짐승이 되지 말라. 그대의 황홀을 정제하라. 그대가 마신다면, 예술의 89가지 법칙에 따라 마시라. 그대가 사랑한다면, 섬세함으로 넘어서라. 그대가 기쁨의 어떤 일을 하더라도, 그 속에는 반드시 은밀한 정교함이 깃들어야 하느니라!

71. 그러나 넘어서라! 넘어서라! 항상 더 많은 것을 향하여 나아가라!

72. 끊임없이 더 나은 것을 추구하라! 그리고 만일 그대가 진정 나의 것이라면-그리고 그대가 항상 기쁨에 가득 차 있다면-죽음은 모든 것의 왕관이 되리라.

73. 아! 아! 죽음이여! 죽음이여! 그대는 죽음을 열망하게 되리라. 그러나 죽음은, 오 인간이여, 그대에게는 금지된 것이니라.

74. 그대의 갈망의 길이는, 그 영광의 강함이 되리라. 오래 살아가며, 죽음을 깊이 갈망하는 자는 언제나 왕들 중의 왕이니라.

75. 그래! 숫자들과 말들에 귀 기울이라!

76. 4 6 3 8 A B K 2 4 A L G M O R 3 Y X 24 89 R P S T O V A L.

무엇을 의미하는가, 오 예언자여? 그대는 이것을 알지 못하리라. 그리고 결코 알지 못하리라. 그러나 그대 뒤에 올 자가 있으리니, 그가 이것을 해석하게 되리라. 그러나 기억하라, 오 택함 받은 자여-그대는 곧 나이며, 별빛 가득한 하늘에서 누의 사랑을 따르고, 인간들을 바라보며, 그들에게 이 기쁜 말씀을 전하라.

77. 오 그대여, 사람들 가운데에서 자랑스럽고 위대한 존재가 되라!

78. 그대 자신을 들어 올리라! 인간들 가운데에도, 신들 가운데에도 그대와 같은 존재는 없느니라.

 오 나의 예언자여, 그대의 키는 별들을 넘어서리라. 사람들은 그대의 이름을 네 방향으로, 신비롭고 경이롭게, 사람의 수로 된 이름으로 숭배하리라. 그대의 집의 이름은 418이니라.

79. 하딧의 은폐는 여기서 끝나며, 사랑스러운 별의 예언자에게 축복과 경배 있으라!

제3장

1. 아브라하다브라(Abrahadabra;); 라 후르 쿠트의 보상이니라.
2. 여기엔 분열이 있으며, 저 너머엔 돌아갈 집이 있느니라. 하나의 알려지지 않은 말이 있으니, 철자법은 파괴되었고, 모든 것은 공허가 아니니라.
   경계하라! 멈추라!
   라-후르-쿠이트의 주문을 들어올리라!
3. 이제 먼저 이것을 알아야 하느니-나는 전쟁과 복수의 신이니라. 나는 그들에게 가혹하게 행하리라.
4. 그대들이여, 하나의 섬을 선택하라!
5. 그 섬을 요새화하라!
6. 전쟁 병기로 그 섬을 두르고 쌓아 요새화하라!
7. 내가 너희에게 전쟁의 기계를 주리라.
8. 그것으로 너희는 민족들을 내리치니, 그 누구도 너희 앞에 서지 못하리

라.

9. 잠복하라! 후퇴하라! 덮쳐라!

   이것이 정복 전쟁의 율법이니라. 이와 같이 나의 경배는 나의 비밀의 집을 중심으로 이루어지리라.

10. 계시의 석비를 손에 넣으라. 그것을 너의 비밀 신전에 세우라.(그 신전은 이미 바르게 준비되었느니라.) 그것은 너희의 기블라(Kiblah, 성지의 방향)가 되리라, 영원히. 그것은 바래지 않으리라. 기적적인 색이 날마다 그것에 되살아나리라. 그것을 잠긴 유리 안에 보관하여 세상에 대한 증거로 삼으라.

11. 이것이 너희의 유일한 증거가 되리라. 나는 논쟁을 금하노라. 정복하라! 그것으로 충분하니라. 나는 너희가 승리의 도시(Victorious)에서 혼란스러운 집으로부터 그 석비를 운반하는 일을 쉽게 만들리라. 오 예언자여, 네가 원치 않더라도 경배를 담아 네 손으로 직접 옮기게 되리라. 너는 위험과 고난을 겪게 되리라.

    그러나 라-후르-쿠는 너와 함께 있으니라. 불과 피로 나를 경배하라! 검과 창으로 나를 경배하라! 여인은 검을 찬 채 내 앞에 설지어다! 나의 이름으로 피가 흐르게 하라! 이교도들을 짓밟으라! 그들을 덮치라, 오 전사여! 내가 너희에게 그들의 살을 먹게 하리라!

12. 가축을 제물로 바치라, 크든 작든. 그 다음엔 아이를.

13. 그러나 지금은 아니니라.

14. 그대들, 복된 짐승이여! 그리고 그가 욕망하는 붉은 첩이여! 그 시각을 보게 되리라!

15. 그로 인해 너희는 슬퍼하게 되리라.

16. 약속을 붙잡으려 너무 성급하지 말고, 저주를 겪는 것을 두려워하지 말

라. 그대들조차-바로 그대들조차도-이 뜻을 모두 알지 못하느니라.

17. 어떠한 것도 두려워하지 말라! 사람도, 운명도, 신도, 어떤 것도 두려워하지 말라. 돈도 두려워하지 말고, 민중의 비웃음도 두려워하지 말며, 하늘에도, 땅 위에도, 땅 아래에도 존재하는 그 어떤 권력도 두려워하지 말지어다.

누는 너희의 피난처요, 하딧은 너희의 빛이며, 나는 너희 팔의 힘이요, 에너지요, 생명이니라.

18. 자비는 버리라! 연민을 품는 자는 저주받을지어다! 죽이라! 고문하라! 아끼지 말고 덮치라!

19. 그 석비는 황폐함의 가증한 것이라 불릴지어다. 그 이름을 잘 계산하라, 그것은 너희에게 '718'이 되리라.

20. 왜인가? '왜냐하면(Because)'이 무너졌기 때문이니, 그는 다시는 그곳에 있지 아니하도다.

21. 나의 형상을 동방에 세우라. 내가 그대에게 보여줄, 특별한 형상을 그대는 사게 되리라-그대가 알고 있는 것과 아주 비슷한 것이니라. 그리고 그것을 준비하는 일이 갑작스레 수월해지리라.

22. 다른 형상들은 내 주변에 모여 나를 받들게 되리라. 모두를 경배하라. 그들은 나를 찬미하기 위해 모일 것이니라. 나는 눈에 보이는 경배의 대상이요, 다른 이들은 비밀스러운 존재니-그들은 곧 짐승과 그의 신부이며, 또한 시련 X를 통과한 자들을 위한 존재니라. 이것이 무엇인가? 그대는 알게 되리라.

23. 향을 만들려면, 곡물가루와 꿀, 붉은 포도주의 진한 찌꺼기를 섞고, 그 후 아브라멜린(Abramelin)의 기름과 올리브유를 더하라. 그리고 나서, 신선하

고 풍부한 피로 부드럽고 매끄럽게 하라.

24. 가장 좋은 피는 달의 피, 곧 매월의 피니라. 그 다음은 아이의 신선한 피, 혹은 천상의 군대에서 떨어지는 피, 그 다음은 적들의 피, 제사장 혹은 예배자의 피, 마지막으로는 짐승의 피-그 어떤 것이든 무방하니라.

25. 이것을 불태우라. 이것으로 과자를 만들어 나를 위해 먹으라. 이것은 다른 용도도 있느니라. 그것을 내 앞에 바치고, 그대들의 기도 향기로 두텁게 덮어 보관하라. 그리하면 그것은 딱정벌레들, 그리고 나에게 신성한 기어다니는 존재들로 가득 차게 되리라.

26. 이것들을 불태우며 너희의 적들의 이름을 부르라. 그러면 그들이 너희 앞에 쓰러지게 되리라.

27. 또한, 이것들을 먹을 때 너희 안에 욕망과 욕망의 힘이 자라나게 되리라.

28. 그리고 너희는 전쟁에서 강해지게 되리라.

29. 더불어, 그것들을 오래 보관할수록 더욱 좋으니, 그것들은 나의 힘으로 부풀어 오르기 때문이니라. 모든 것이 내 앞에서 그러하도다.

30. 나의 제단은 뚫린 놋쇠로 만들어졌느니라. 그 위에서 은이나 금을 불태우라!

31. 서쪽에서 부유한 자가 오리니, 그가 자신의 금을 너에게 쏟아붓게 되리라.

32. 그 금으로 강철을 주조하라!

33. 날아갈 준비를 하라! 혹은 강타할 준비를 하라!

34. 그러나 너희의 성스러운 장소는 수세기 동안 손상되지 않으리라. 비록 불과 칼에 의해 불타고 부서질지라도, 보이지 않는 집이 그곳에 서 있으리니, 그 집은 위대한 주야평분점이 무너질 때까지 서 있으리라. 그때 흐루마키스

(Hrumachis)가 나타나고, 쌍봉의 지팡이를 든 자가 나의 왕좌와 자리를 차지하리라.

또 다른 예언자가 나타나, 하늘로부터 새로운 열병을 가져올 것이며, 또 다른 여인이 뱀의 욕망과 경배를 일깨울 것이며, 또 다른 신성과 짐승의 혼이 둥근 사제 안에서 섞일 것이며, 또 다른 희생이 무덤을 물들일 것이며, 또 다른 왕이 통치하리라.

그러나 더는 매머리의 신비한 주에게 축복이 쏟아지지 않으리라!

35. 헤루-라-하(Heru-ra-ha)라는 단어의 절반이니, 그는 후르-파-크라트(Hoor-pa-kraat)이자 라-후르-쿠트(Ra-Hoor-Khut)라 불리느니라.

36. 그러자 예언자가 신에게 말하였느니라:

37. 나는 노래 속에서 그대를 찬미하나이다-나는 테베의 주인이며, 멘투의 영감을 받은 예언자이다. 나를 위하여 베일로 가려졌던 하늘이 드러났고, 스스로를 희생한 앙크-아프-나-콘수, 그 말은 진실하나이다. 오 라-후르-쿠이트여, 그대의 현존을 나는 부르고, 맞이하나이다!

극도의 일체성이 드러났도다! 나는 그대 숨결의 힘을 찬미하나이다, 최고이자 무서운 신이시여, 신들과 죽음마저 그대 앞에 떨게 하시는 분이시니! 내가, 내가 그대를 찬미하나이다!

라(Ra)의 왕좌에 나타나소서! 쿠(Khu)의 길들을 여소서! 카(Ka)의 길들을 밝히소서! 캅스의 길들이 나를 움직이고, 나를 가라앉히게 하소서! 아움! 나를 가득 채우소서!

38. 그리하여 그대의 빛이 내 안에 있고, 그 붉은 불꽃은 나의 손에 쥔 칼과 같아 그대의 명령을 밀어붙이게 하리라. 나는 그대의 길을 사방에 확립하기 위해 비밀의 문 하나를 만들 것이니, (이는 그대가 기록한 찬미들이며), 이와

같이 노래하리라:

빛은 나의 것이며, 그 광선이 나를 삼키나이다. 나는 비밀의 문을 만들었으니, 라와 툼의 집으로, 케프라(Khephra)와 아하투르(Ahathoor)의 집으로 이끄는 문이다. 나는 그대의 테베인이오니, 오 멘투여, 나는 예언자 앙크-아프-나-콘수니이다!

나는 베스-나-마우트(Bes-na-Maut)의 이름으로 내 가슴을 두드리며, 지혜로운 타-네크(Ta-Nech)의 이름으로 주문을 엮나이다. 오 누이트여, 그대의 별빛 찬란한 모습을 보여주소서! 그대의 집 안에 나를 들이소서, 오 날개 달린 빛의 뱀이여, 하딧이여! 라-후르-쿠이트여, 내게 머무르소서!

39. 이 모든 것과, 그대가 어떻게 이곳에 오게 되었는지를 말하는 책 한 권, 그리고 이 잉크와 종이의 복제본이 영원히 보존될지니-그 속에는 비밀의 말씀이 있으며, 그것은 단지 영어뿐이 아니니라-『율법의 책』에 대한 그대의 주석 또한 아름다운 수제 종이에 붉은 잉크와 검은 잉크로 아름답게 인쇄되리라.

그대가 마주치는 모든 남자와 여자에게-설령 단지 식사를 하거나 술을 마실 뿐일지라도-그 책을 주는 것이 율법이니라. 그들이 이 황홀에 머무를지 아닐지는 중요치 않다. 속히 이 일을 행하라!

40. 그러나 주석 작업이라면? 그것은 쉬운 일이니라. 하딧이 그대의 심장에서 불타며, 그대의 펜을 빠르고 안전하게 움직이게 하리라.

41. 그대의 카바에 서기소(clerk-house)를 세우라. 모든 것은 철저하고 실무적으로 수행되어야 하느니라.

42. 모든 시련은 그대 스스로 감독하라. 다만 보지 못하는 자들의 시련은 예외니라. 아무도 거절하지 말되, 배신자들은 반드시 알아내어 파괴하라. 나

는 라-후르-쿠이트이니, 내 종을 보호할 힘이 있는 자니라. 성공이 그대의 증거니, 변론하지 말며, 개종시키려 하지 말고, 지나치게 말하지 말라! 그대를 함정에 빠뜨리려는 자들, 그대를 전복시키려는 자들을-자비 없이, 용서 없이 공격하라. 그리고 완전히 말살하라! 짓밟힌 뱀처럼 재빠르게 몸을 돌려 내리치라! 그보다 더 치명적인 존재가 되라! 그들의 영혼을 끌어내려 끔찍한 고통에 던져 넣으라! 그들의 두려움에 비웃음을 던지고, 그들에게 침을 뱉으라!

43. 붉은 여인은 조심할지어다! 연민과 동정, 부드러움이 그녀의 마음에 스며든다면, 그녀가 나의 일을 버리고 옛 달콤함과 장난치려 든다면, 그때 나의 복수가 드러나리라. 나는 그녀의 아이를 죽이고, 그녀의 마음을 멀어지게 하며, 인간들로부터 그녀를 추방하리라. 그녀는 축축한 황혼의 거리 위로 기어다니는, 수치스럽고 경멸받는 창녀가 되어, 차갑고 굶주린 채 죽게 되리라.

44. 그러나 그녀가 자긍심으로 스스로를 일으켜 세운다면, 나의 길을 따라 나를 따르며, 악의 일을 행하고, 그녀의 심장을 죽이고, 크게 외치며 간음하고, 보석과 화려한 옷으로 치장하고, 모든 사람들 앞에서 부끄러움 없이 설 수 있다면-

45. 그때 내가 그녀를 권력의 봉우리로 들어올리리라. 그녀로부터 세상의 모든 왕들보다 강한 아이를 잉태하게 하리라. 나는 그녀를 기쁨으로 채우리니, 나의 힘으로 그녀는 누의 숭배를 보고 타격하게 되며, 그녀는 하딧을 달성하리라.

46. 나는 사십대의 전사 군주이며, 팔십대는 내 앞에서 움츠러들고 낮아지느니라. 내가 그대들을 승리와 기쁨으로 이끌리라. 내가 전쟁에서 너희의 팔

에 함께하리니, 너희는 죽이는 것을 즐기게 되리라. 성공은 너희의 증거요, 용기는 너희의 갑옷이니라.

나의 힘으로 나아가라, 계속 나아가라! 누구 앞에서도 물러서지 말지어다!

47. 이 책은 모든 언어로 번역될지니라. 그러나 항상 짐승의 필체로 된 원문이 함께 있어야 하느니라. 글자들의 우연한 형태와 서로 간의 위치 속에 신비들이 깃들어 있으니, 그 어떤 짐승도 이를 해석하지 못하리라. 그로 하여금 시도하려 하지 말게 하라.

그러나 그 뒤에 올 자가 있으리니-나는 그의 출처를 말하지 않노라-그가 이 모든 것의 열쇠를 발견하리라. 그때 하나의 선이 열쇠가 되며, 실패한 사각 원 또한 하나의 열쇠가 되리라. 그리고 아브라하다브라. 그것은 그의 아이가 되리라, 이상한 방식으로. 그로 하여금 이것을 좇지 말게 하라. 그것을 좇는 순간, 그는 그것에서 떨어지게 되리라.

48. 이제 이 글자들의 신비는 끝났고, 나는 더 성스러운 장소로 나아가고자 하느니라.

49. 나는 인간의 모든 신들에 대한 신성모독을 품은 비밀의 네 글자 안에 있느니라.

50. 그들을 저주하라! 저주하라! 저주하라!

51. 나는 매의 머리로 십자가에 매달린 예수의 눈을 쪼아내느니라.

52. 나는 나의 날개를 무함마드의 얼굴 앞에서 퍼덕이며, 그를 눈멀게 하느니라.

53. 나는 나의 발톱으로 인도인과 불교도, 몽골인과 딘(Din)의 살을 찢어내느니라.

54. 바흘라스티(Bahlasti)! 옴페흐다(Ompehda)! 나는 너희의 탐욕스러운 신조들 위에 침을 뱉느니라.

55. 마리아, 그 순결한 여인이 수레바퀴에 찢기게 하라. 그녀를 위하여, 모든 정숙한 여인들이 너희 가운데서 철저히 멸시받게 하라!

56. 아름다움과 사랑을 위하여서도 그러하니라!

57. 모든 겁쟁이들을 멸시하라! 싸울 용기는 없고 오직 노는 데만 익숙한 직업 군인들을 멸시하라! 모든 어리석은 자들을 멸시하라!

58. 그러나 날카롭고 자부심 있는 자들, 왕족 같은 자들, 고결한 자들-그대들은 형제이니라!

59. 형제처럼 싸우라!

60. "네가 뜻하는 바를 행하라" 외에는 다른 법이 없느니라.

61. 라(Ra)의 자리에 앉아 영혼의 들보에 번개를 내리는 신의 말씀이 여기서 끝났느니라.

62. 나에게 경배하라! 나에게 오라, 시련이라는 고통을 통과하여-그 자체가 곧 황홀이니라.

63. 어리석은 자는 『율법의 책』과 그 주석을 읽으나, 이해하지 못하느니라.

64. 그가 첫 번째 시련을 통과하면, 그것은 그에게 은처럼 여겨지리라.

65. 두 번째 시련을 통과하면, 그것은 금처럼 되리라.

66. 세 번째 시련을 통과하면, 그것은 귀한 물의 보석처럼 되리라.

67. 네 번째 시련을 통과하면, 그것은 내밀한 불꽃의 궁극적인 불티가 되리라.

68. 그러나 이 모든 것이 모든 이에게 아름답게 보이리라. 그렇지 않다고 말하는 자들은 단지 거짓말쟁이일 뿐이니라.

69. 성공이 있으리라.

70. 나는 침묵과 힘의 매머리 주이니라. 나의 네미스(이집트 신관의 머리 수건)는 밤빛의 푸른 하늘을 덮고 있느니라.

71. 환호하라! 세상의 기둥을 둘러싼 쌍둥이 전사들이여! 너희의 시간이 가까이 왔도다.

72. 나는 이중 권능의 지팡이를 쥔 주이니라. 곧 코프 니아(Coph Nia)의 힘의 지팡이이거늘, 그러나 나의 왼손은 비었으니, 이는 내가 하나의 우주를 부숴버렸고, 아무것도 남기지 않았기 때문이니라.

73. 양피지들을 오른쪽에서 왼쪽으로, 위에서 아래로 붙이라. 그러면 보게 되리라!

74. 내 이름에는 감춰진, 찬란하고도 영광스러운 광채가 있으니, 한밤의 태양이 영원히 아들인 것처럼 그러하도다.

75. 이 모든 말의 끝은 하나의 단어이니, 그 말은 '아브라하다브라(Abrahadabra)'니라.

『법의 서』는 쓰였고, 감추어졌느니라.
아움. 하. (Aum) (Ha)

Comment

네가 뜻하는 바를 행하라. 이것이 율법의 전부이니라.
이 책을 연구하는 것은 금지되었느니라.
첫 번째 읽기가 끝난 후, 이 사본을 파기하는 것이 현명하도다.

이를 무시하는 자는 자신의 위험과 책임 아래 그리하는 것이니,
그 결과는 가장 참혹하리라.
이 책의 내용을 논의하는 자들은 역병의 중심이니,
모든 이들이 그들을 멀리해야 하느니라.
율법에 대한 모든 질문은 오직 나의 저술들에 호소함으로써,
각자 스스로 판단하여야 하느니라.
'네가 뜻하는 바를 행하라' 외에 다른 법은 없느니라.
사랑은 법이요, 사랑은 의지 아래 있느니라.
왕자들의 제사장이 말하노라,
앙크-아프-나-콘수 (Ankh-f-n-khonsu)

Three:

Crowley's Magick

크로울리의
마법들 외

3-1
크로울리의 마법

알레이스터 크로울리는 마법(Magick)을 단순한 주술이나 초자연적 현상의 조작이 아니라, 의지의 실현을 위한 신성한 행위로 정의했다. 그는 마법을 "의지에 따라 변화를 일으키는 과학이자 예술(Magick is the Science and Art of causing Change to occur in conformity with Will)"이라고 설명하며, 물리적, 심리적, 영적 모든 층위에서 변화와 성취를 가능하게 하는 수단으로 삼았다. 이러한 마법은 단순한 기교나 상징적 놀이가 아니라, 인간이 자신의 진정한 의지(True Will)를 발견하고 실현할 수 있도록 해주는 매개체로서 작용하는 것이었다.

크로울리의 마법 체계는 『마법 이론과 실제(Magick in Theory and Practice)』와 『마법 제4서(Book 4, Liber ABA)』에서 가장 체계적으로 정리되어 있다. 그는 이 책들에서 마법의 목적과 수행 방식, 상징과 의식의 구조를 상세히 분류했으며, 신비주의적 체험과 의식 수행, 그리고 상징의 통합을 통해 수행자가 우주적 질서와 조응하는 과정을 설명했다. 그의 체계는 고대 유대 신비주의인 카발라(Kabbalah), 에노키안 마법(Enochian magic), 고대 타로, 연금술, 황금새벽회의 의식 구조를 통합한 독자적인 구조로 이루어져 있다.

크로울리는 마법을 크게 두 가지로 나누었다. 하나는 의식의 상승과 신적 합일을 추구하는 신비주의적 마법, 또 하나는 물질 세계에 실질적인 영향을 주는 실용적 마법이다. 이 두 범주는 대립되는 것이 아니라 상호 보완적인 것으로, 그는 수행자가 이 두 방향을 아우르며 완전한 존재로 변화해야 한다고 보았다. 특히 그는 성적인 에너지와 상징을 활용한 '성 마법(Sex Magick)'을 중요하게 다뤘다. 크로울리는 성을 억제하거나 금기시하는 전통적 시각을 비판하며, 성적 행위를 '거룩한 의식'으로 승화시키고, 이를 통해 의식을 초월 상태로 이끄는 도구로 삼았다.

그의 마법은 철저한 정신 훈련, 상징 해석, 의식 연출이 결합된 종합 예술이자 철학적 수행이었다. 단지 어떤 결과를 얻기 위한 기술이라기보다, 인간 존재의 본질을 탐색하고 변화시키는 방식이었던 것이다. 그의 마법 체계는 이후 수많은 수행자와 작가, 공동체에 영향을 주었고, 오늘날에도 여전히 실천되고 있다.

아래는 크로울리의 마법 체계에서 중요한 실천 요소들을 정리한 것이다.

① **의식 마법 (Ceremonial Magick)**
고대 연금술과 헤르메틱 전통에서 영향을 받은 의식 마법은 정교한 의식, 주문, 상징을 통해 초월적 존재와 교류하거나 내면의 힘을 자극한다.

② **성 마법 (Sex Magick)**
크로울리는 성적 행위의 절정을 의식 확장의 수단으로 보았다. 이는 단순한

육체적 쾌락이 아니라, 우주의 창조적 에너지를 마법적으로 활용하는 방식이었다. 크로울리는 이를, '신의 창조적 에너지를 활용하는 수단'으로 여겼다.

③ 소환 마법 (Evocation / Invocation)

마법진 밖의 존재를 불러내는 방식으로, 『Goetia of Solomon the King』과 같은 고전에서 예를 찾을 수 있다. 일례로, Invocation은 신적 존재나 상징을 자신 안에 채워 넣어, 의식과 행동이 하나가 되게 만드는 형태이다.

④ 성스러운 수호천사와의 교류 (Conversation with the Holy Guardian Angel)

크로울리는 개인의 영적 완성을 위해 수호천사와의 접촉을 강조했다. 이는 『Abramelin의 마법』에서 영향을 받은 개념으로, 수행자가 진정한 소명을 인식하고 그것에 따라 살아가도록 이끄는 핵심 과정이다.

⑤ 텔레마 의식 (Thelemic Rituals)

크로울리의 철학 '텔레마(Thelema)'에 기반한 의식들로, 하루 네 번 태양의 위치에 따라 수행하는 "Liber Resh vel Helios"와, 영지주의적 상징이 결합된 "Gnostic Mass" 등이 있다.

⑥ 요가와 명상 (Yoga & Meditation)

그는 인도에서 라자 요가와 크리야 요가를 배워 이를 자신의 수행 체계에 통합했다. 요가는 의식 집중과 정화, 의지의 수련을 위한 기반이었다. 《Eight Lectures on Yoga》에서 그 이론과 실제를 체계화했다.

⑦ 마법 문헌과 상징 체계 (Texts & Symbols)
크로울리는 다수의 저작을 통해 자신만의 상징 체계를 구축했다. 카발라, 천사학, 연금술, 타로를 통합한 구조는 단순한 해설을 넘어 수행자의 내적 통합을 지향한다. 『Magick in Theory and Practice』와 『Book 4, Liber ABA』는 현대 수행자들에게 필독서로 여겨진다.

크로울리에게 마법이란, 결국 자신의 존재를 정제하고 확장하며, 우주적 질서 속에 능동적으로 참여하려는 실천이었다. 그것은 단지 힘을 얻기 위한 수단이 아니라, 자신을 변화시키고 세상에 영향을 미치는 의식적 삶의 방식이었다.

3-2
크로울리의 소환 마법

크로울리에게 있어 소환 마법은 단순한 '귀신 부르기'가 아니다. 그것은 자아와 우주의 경계, 내부와 외부의 차원을 넘나드는 의식의 연극에 가깝다. 그는 소환을 '초월적 존재와의 교류'이자, 동시에 '내면의 상징을 호출해 자각하는 행위'로 여겼다.

크로울리는 고대 마법 문헌들, 특히 《솔로몬의 열쇠》(Lemegeton, Goetia)에 심취했고, 이를 토대로 자신만의 소환 체계를 정립했다. 『The Goetia of Solomon the King』은 그가 편집·해설한 대표적인 소환 마법 문헌이다. 이 책에서 그는 72의 악마(spirits)를 언급하며, 이들을 단지 '외부 존재'가 아닌 '인간 정신의 특정 측면'으로 해석하기도 했다. 소환은 곧 통제되지 않은 자기 내부의 무의식을 직면하는 작업이었다.

소환에는 두 가지 방식이 있다. 호명의 마법(invocation)과 불러내는 마법(evocation). 크로울리는 invocation을 '내면화된 신적 존재를 자신의 의식 속에 불러들이는 것'으로, evocation을 '의식을 벗어난 공간에 존재를 출현시키는 것'으로 구분했다. 전자는 신의식에 가까운 의식을 체화하는 것이고, 후자는 자아의 외부로 상징을 호출하는 것이다.

실제 그의 의식 구조는 극도로 연극적이고, 철저하게 상징화되어 있다. 다섯 방향에 칼을 겨누고, 고대 언어로 이름을 부르고, 향을 피우고, 원을 그린다. 하지만 이 모든 행위는 '보이기 위한 마술'이 아니다. 의식의 전환을 유도하기 위한 장치들이다. 그는 『Magick in Theory and Practice』에서 "모든 마법은 극이다(All magic is theatre)"라고 말했으며, 소환 의식은 자신을 확장시키는 진지한 연기이자 의식적 실험이었다.

크로울리의 소환 마법은 고대 그리모어 전통을 계승하면서도, 인간의 무의식과 영적 구조를 통합적으로 다룬 최초의 '현대적 오컬트 마법' 중 하나였다. 그리고 그는 이 소환의 과정을 통해, 신이 아닌 자신을 변화시키는 일을 가장 중요하게 여겼다. 마법이란 세계를 통제하는 기술이 아니라, 자신을 세계에 맞게 다시 쓰는 언어였기 때문이다.

* 소환 마법 Goetia 게티아

『Goetia』는 중세 마법서 《The Lesser Key of Solomon》(솔로몬의 작은 열쇠)의 첫 번째 부분으로, 72명의 악마를 소환하는 의식을 설명하는 중요한 오컬트 문서이다. 알레이스터 크로울리는 이 마법서를 연구하고 활용했으며, 그의 마법적 실천에 큰 영향을 미쳤다.

Goetia의 악마 소환 의식

① 소환자의 준비 : 소환자는 정화 의식을 수행하고, 특정한 마법진을 그려야 한다. 보호를 위해 솔로몬의 인장(Sigil of Solomon)을 사용하며, 신성한 이름

을 암송한다.

② 악마의 이름과 인장 : 『Goetia』에는 72명의 악마가 기록되어 있으며, 각 악마는 특정한 능력과 역할을 가지고 있다. 악마를 소환하기 위해 그들의 인장(Seal)을 사용하며, 이를 통해 소환자와 의사소통이 가능하다.

③ 소환 의식의 진행 : 소환자는 강한 의지와 집중력을 유지해야 하며, 특정한 주문을 암송한다. 악마가 나타나면 명령을 내리고 계약을 체결할 수 있다. 의식이 끝나면 반드시 악마를 돌려보내는 봉인 의식을 수행해야 한다.

단, 『Goetia』의 악마 소환은 강력한 영적 존재와의 교류를 포함하므로, 신중한 접근이 필요하다. 의식이 제대로 수행되지 않으면 예기치 않은 결과를 초래할 수 있다. 소환 마법 의식은 오컬트 연구자들에게 여전히 중요한 관심을 받고 있으며, 크로울리의 마법적 실천에서도 중요한 역할을 했다.

3-3
크로울리가 소환한 악마, 코론존

크로울리가 벌인 수많은 마법 의식 중에서도 가장 충격적이며 논란의 중심에 선 사건은 1909년 알제리 사막에서 수행된 '코론존(Choronzon)' 소환 의식이었다. 이 의식은 단순한 악마 소환을 넘어, 자아와 무의식, 영적 통과의례에 대한 극단적 실험이자, 인간 존재의 본질에 대한 철학적 도전이었다.

코론존은 원래 16세기 마법사 에드워드 켈리(Edward Kelley)와 점성술사 존 디(John Dee)의 에노키안 마법 체계에서 언급되는 에테르의 가장 끝, 즉 '심연(Abyss)'에 존재하는 악마적 존재이다. 존 디의 체계에서 코론존은 천상적 계층에 도달하기 직전, 탐구자의 정신을 붕괴시키는 혼돈의 존재로 여겨졌으며, 어떤 실체도 갖지 않는, 순수한 공허와 분열의 에너지로 묘사되었다. 이 존재는 정신적 초월을 방해하는 마지막 장애물로, 그 자체가 마법적 위험의 정점이었다.

크로울리는 이 개념을 계승하면서도, 자신의 철학 체계인 텔레마(Thelema)

를 통해 보다 심리적이며 철학적인 의미를 부여했다. 그는 『The Vision and the Voice』에서 이 의식을 상세히 기록하면서 코론존을 '혼란과 환상의 화신', 즉 인간 자아(Ego)의 최종적인 분열 형태로 해석했다. 코론존은 단순한 악의 존재가 아니라, 깨달음을 방해하는 내면의 허상과 집착, 환각, 그리고 집단적 무의식의 왜곡된 거울로 묘사된다.

1909년의 알제리 사막에서 크로울리는 동료 빅터 뉴버그(Victor Neuburg)와 함께, 고대 마법 체계에 따라 코론존을 소환하고 통제하려 했다. 의식은 삼각형의 마법진 안에서 진행되었고, 고대의 방어 주문과 함께 수많은 상징 도구들이 동원되었다. 하지만 의식이 정점에 이르렀을 때, 코론존이 삼각형의 경계를 넘어 뉴버그를 공격했고, 뉴버그는 자신의 단검으로 가까스로 이를 저지했다고 전해진다. 크로울리는 이 사건을 통해 '자아의 해체'를 경험했다고 기록하며, 이를 '심연을 건너는 과정(Crossing the Abyss)'이라고 표현했다. 이 '심연을 건넌다'는 개념은 텔레마 철학에서 자신의 위선을 벗겨내고, 참된 의식(Holy Guardian Angel)과의 통합에 이르는 중대한 통과의례로 간주된다.

하지만 이보다 더 파격적인 사건은, 일부 전승에 따르면 1941년 1월 6일, 크로울리가 다시 한 번 코론존을 소환하려 했다는 이야기이다. 이 두 번째 의식은 훨씬 더 위험하고 파괴적인 결과를 낳았다고 전해지며, 그 진위 여부에 대한 의문에도 불구하고, 크로울리의 신비주의적 이미지에 결정적인 영향을 끼친 전설로 남아 있다.

이때 크로울리는 알제리 사막 한복판에서 2주에 걸쳐 거대한 마법진을 그리고, 닭과 소 등 300마리의 짐승을 제물로 바쳤으며, 처녀로 이루어진 7명의 '비색의 여신(Scarlet Woman)'을 의식의 매개체로 활용했다고 한다. 이들 중 일부는 겨우 12세였다고 전해진다. 그는 기존처럼 여성의 육체를 신령의 통

Choronzon

로로 사용하는 방식이 아니라, 자신의 몸에 직접 코론존을 강림시키려는 시도를 했다. 이는 문자 그대로 '심연 그 자체와의 합일'을 추구한 것이다.

의식은 수개월 간의 준비 끝에 실행되었으며, 한동안 성공적으로 진행되는 듯 보였다. 그러나 코론존이 그의 육체를 점유하자 상황은 급변했다. 주변에 설치된 음향 장비가 파손되고, 의식을 지켜보던 추종자 4명이 피를 토하고 사망했으며, 의식의 매개체가 된 여성들 역시 미이라처럼 변한 채 시신으로 발견되었다고 한다. 더욱이, 근방 수십 킬로미터 떨어진 가다메스(Ghadames) 오아시스 마을에 갑작스러운 모래폭풍이 휘몰아쳐 수십 명이 사망한 사건이 이 의식과 연관되었다는 괴소문도 전해진다.

이 의식을 계기로 크로울리는 심각한 신체적·정신적 붕괴를 겪게 된다. 그의 신체는 급격히 노쇠해졌고, 이전에 비해 극도로 약해진 모습을 보였으며, 지식과 기억의 상실, 일종의 치매 증세까지 보였다고 한다. 더불어 그는 수많은 재산과 명성을 잃었고, 그를 두려워하거나 원한을 가진 이들이 법적으로 그를 공격하면서, 거의 모든 것을 잃게 되었다. 과거에는 자신을 따랐던 추종자들조차 그를 떠났고, 영적 권위를 상실한 그는 고립된 노인으로서 마지막 여생을 보내게 된다.

크로울리는 코론존을 '악의 세력 중에서도 가장 죄가 깊은 존재'로 간주했으며, 이 존재로부터 지식을 얻기 위해 자기 자신을 의식의 매개로 삼는 극단적인 시도를 감행했다. 그러나 결과적으로 그는 그 심연에 삼켜졌으며, 의식이 끝난 후의 삶은 혼란, 상실, 고통, 그리고 죽음으로 이어진 것이다.

이 비극적인 결과는 텔레마 철학에서 하나의 상징처럼 여겨진다. 진정한 깨달음과 영적 통합은, 반드시 '자아의 붕괴'라는 위험을 동반한다는 것. 크로울리는 그 위험을 무릅썼고, 한편으로는 '심연을 건넌 자'로 추앙되었지만,

다른 한편으로는 자신의 무의식을 통제하지 못한 채 몰락한 존재로 회자된다. 코론존은 그에게 있어 단순한 악마가 아니었다. 그것은 자신의 거짓된 정체성, 욕망, 환상, 그리고 오만의 결정체, 곧 그 자신이었다.

그는 신과 악마를 모두 불러들이려 했고, 그 끝에서 인간이라는 존재의 한계를 확인하게 된 것이다. 코론존과의 대면은 단지 마법 의식이 아니라, 인간 존재 그 자체에 대한 탐구이자 파멸의 기록이었다.

3-4
크로울리와 관련된 이야기들

•

Hermetic Order of the Golden Dawn (헤르메스 황금새벽회)

헤르메스 황금새벽회(라틴어: Ordo Hermeticus Aurorae Aureae), 흔히 골든 던(Golden Dawn, 황금새벽회)으로 불리는 이 단체는 19세기 후반에서 20세기 초 사이에 활동했던 비밀 결사로, 오컬트 헤르메티시즘과 형이상학의 연구 및 실천에 헌신했다. 이 단체는 '마법적 단체'로 알려져 있으며, 영국에서 활발히 활동했고 신성의 힘을 빌려 인간을 신에게 가까이 다가가게 한다는 테우르게이(theurgy)와 영적 성장에 초점을 맞췄다. 오늘날 위카(Wicca)나 텔레마(Thelema) 같은 현대 오컬트 전통의 핵심에 자리한 의식과 마법 개념들 중 상당수가 골든 던에서 영감을 받은 것으로, 이 단체는 20세기 서양 오컬티즘에 가장 큰 영향을 준 조직 중 하나로 평가된다.

Rose Cross of the Golden Dawn

황금새벽회의 장미 십자가

골든 던의 세 창립자인 윌리엄 로버트 우드먼, 윌리엄 윈 웨스트콧, 새뮤얼 리델 매더스는 모두 프리메이슨이자 잉글랜드 장미십자회(Societas Rosicruciana in Anglia, SRIA)의 일원이었다. 이들 중 웨스트콧이 황금새벽회의 설립을 주도한 인물로 보이며, 골든 던의 체계는 프리메이슨의 조직처럼 위계와 입문 구조를 기반으로 하고 있었다. SRIA의 단계 구조를 본떠 만들어졌지만, 골든 던은 여성도 남성과 동등하게 입회할 수 있었다.

"골든 던"은 세 개의 오더(Order, 단체 혹은 단계) 중 첫 번째에 해당하지만, 일반적으로 세 오더 모두를 묶어 골든 던이라고 부르기도 한다. 첫 번째 오더는 헤르메틱 카발라(Hermetic Qabalah)에 기반한 비의 철학과, 네 가지 고전 원소(불, 물, 공기, 흙)에 대한 인식과 학습을 통한 개인적 성장에 중점을 두었으며, 점성술, 타로 점술, 지리점(geomancy) 등의 기초도 가르쳤다. 두 번째 오더, 루비 장미와 황금 십자가의 오더(Rosae Rubeae et Aureae Crucis)는 마법을 가르쳤는데, 그 내용에는 수정 구슬 점(scrying), 아스트랄 여행, 연금술 등이 포함되었다. 세 번째 오더는 비밀 지도자들(Secret Chiefs)의 오더로, 매우 고등한 능력을 지닌 존재들로 여겨졌으며, 제2 오더의 지도자들과 영적 교신을 통해 하위 두 오더의 활동을 지휘한다고 믿어졌다.

1. 암호 문서 (Cipher Manuscripts)

초기 황금새벽회의 기반이 된 문서들은 암호 문서(Cipher Manuscripts)로 알려져 있으며, 트리테미우스 암호(Trithemius cipher)로 암호화된 영어로 작성되어 있다. 이 문서들은 황금새벽회의 각 등급 의식(Grade Rituals)의 구체적인 틀을 제공하며, 헤르메틱 카발라, 점성술, 오컬트 타로, 지리점, 연금술에 이르는 점진적인 교리 교육 과정을 규정하고 있다.

황금새벽회 내부 기록에 따르면, 이 문서들은 프리메이슨 학자 케네스 R. H. 매켄지(Kenneth R. H. Mackenzie)에게서 A. F. A. 우드퍼드 목사(Rev. A. F. A. Woodford)에게 전달되었으며, 영국의 오컬트 작가 프랜시스 킹(Francis King)은 그를 '네 번째 창립자'로 지칭하기도 한다. 그러나 우드퍼드는 황금새벽회가 공식적으로 창설된 직후 사망했다. 그는 이 문서들에 큰 흥미를 보이지 않았고, 1886년 2월, 프리메이슨 윌리엄 윈 웨스트콧(William Wynn Westcott)에게 문서를 넘겼으며, 웨스트콧은 1887년에 이를 해독하는 데 성공했다.

자신의 발견에 만족한 웨스트콧은 같은 프리메이슨인 새뮤얼 리델 맥그리거 매더스(Samuel Liddell MacGregor Mathers)에게 의견을 구했으며, 매더스에게 이 문서를 실제로 의식과 조직 운영에 활용 가능한 체계로 정리해 줄 것을 요청했다. 매더스는 또 다른 프리메이슨 윌리엄 로버트 우드먼(William Robert Woodman)에게도 협조를 요청했고, 우드먼은 이를 수락했다.

매더스와 웨스트콧은 암호 문서에 담긴 의식 구조를 실용적인 형식으로 발전시킨 공로를 인정받고 있다. 특히 매더스는 제2 오더(RR et AC, Rosae Rubae et Aureae Crucis, '로제 루베아 에트 아우레아 크루시스')의 교리와 의식 체계를 설계한 인물로 알려져 있다.

2. 첫 사원의 설립

1887년 10월, 웨스트콧(Westcott)은 독일의 백작부인이자 저명한 장미십자회 인물인 안나 스프렝겔(Anna Sprengel)에게 편지를 보냈다고 주장했다. 그녀의 주소는 해독된 암호 문서 속에서 발견되었다고 전해진다. 웨스트콧에 따

암호 문서 제13장

사무엘 리델 맥그리거 매더스가 이집트 의상을 입고
황금새벽회에서 의식을 집행하는 모습

르면, 스프렝겔은 '비밀 지도자들(Secret Chiefs)'이라 불리는 초자연적 존재들과 접촉할 수 있는 능력을 지녔다고 주장했으며, 이 존재들은 모든 마법 단체나 비의 조직을 통제하는 권위로 여겨졌다. 웨스트콧은 스프렝겔로부터 황금새벽회 사원 설립을 허가받았으며, 자신과 매더스, 우드먼에게 '아뎁투스 엑젬프투스(Adeptus Exemptus)'라는 명예 등급이 부여되었다는 답장을 받았다고 주장했다. 이 사원은 암호 문서에 제시된 다섯 개의 등급으로 구성될 예정이었다.

1888년, 런던에 이시스-우라니아(Isis-Urania) 사원이 설립되었다. 이는 남성 중심의 SRIA(잉글랜드 장미십자회)나 프리메이슨과 달리, 여성도 남성과 '완전한 평등'으로 참여할 수 있었던 점에서 대조적이었다. 황금새벽회는 초기에는 철학적이며 형이상학적인 교리를 가르치는 교육 중심의 단체였다. 암호 문서에서 비롯된 일부 의식과 명상을 발전시키는 작업 외에, '마법 실천'은 최초의 사원에서는 일반적으로 가르쳐지지 않았다.

처음 4년간 황금새벽회는 하나의 통합된 집단으로, 훗날 '제1 오더(First Order 또는 Outer Order, 외적 오더)'라 불리게 된다. 1892년에는 '제2 오더(Second Order 또는 Inner Order, 내적 오더)'가 설립되어 활동을 시작했으며, 이는 제1 오더의 전 과정을 이수한 '아뎁트(adepts)'라고 불리는 회원들로 구성되었다. 제2 오더는 공식적으로 '루비 장미와 황금 십자가의 오더(Ordo Rosae Rubeae et Aureae Crucis)'라는 이름으로 창립되었다.

이후, 웨스턴슈퍼메어(Weston-super-Mare)의 오시리스 사원, 브래드퍼드(Bradford)의 호루스 사원(이 둘은 1888년에 설립), 그리고 에든버러(Edinburgh)의 아멘-라 사원(1893년)이 세워졌다. 1893년에는 매더스가 파리에 아하투르(Ahathoor) 사원을 설립했다.

3. 비밀 지도자들 (Secret Chiefs)

1890년, 웨스트콧(Westcott)과 안나 스프렝겔(Anna Sprengel) 사이의 서신이 갑작스럽게 중단되었다. 웨스트콧은 독일에서 스프렝겔이 사망했다는 소식을 받았으며, 그녀의 동료들이 황금새벽회 설립에 반대했기 때문에 더 이상 어떤 연락도 취해져선 안 된다는 통보를 받았다고 주장했다. 이후 창립자들이 비밀 지도자들(Secret Chiefs)과 접촉하려면 스스로 방법을 찾아야 했다고 한다.

1892년, 매더스(Mathers)는 자신이 비밀 지도자들과의 연결 고리를 확립했다고 주장했고, 이후 제2 오더를 위한 의식 체계를 제공했다. 이 의식은 크리스티안 로젠크로이츠(Christian Rosenkreuz)의 무덤 전통에 기반한 것으로, '아뎁트의 금고(Vault of Adepts)'가 외적 오더(First Order)의 운영을 통제하는 중심 기관으로 작용하게 되었다. 이후 1916년, 웨스트콧은 매더스가 이러한 의식 체계를 구성할 때, '프라테르 룩스 엑스 테네브리스(Frater Lux ex Tenebris, '어둠 속의 빛'이라는 뜻의 가명)'라는 대륙의 아뎁트로부터 받은 자료를 기반으로 했다고 주장했다.

일부 황금새벽회 전통을 따르는 이들은 비밀 지도자들(Secret Chiefs)이 실제 존재하는 인간이나 초자연적 존재가 아니라, 영적 비의(秘儀)의 실재 또는 전설적 원천을 상징적으로 나타낸 것이라고 믿는다. 점차 이 용어는 특정한 영적 수행 또는 경로를 가르친 위대한 지도자나 스승을 의미하게 되었고, 그러한 가르침이 황금새벽회의 교리로 유입되었다는 해석도 있다.

4. 황금기

1890년대 중반이 되자, 황금새벽회는 영국 전역에서 확고히 자리 잡은 조직이 되었고, 빅토리아 시대의 모든 계층에서 100명이 넘는 회원들이 활동하고 있었다. 배우 플로렌스 파(Florence Farr), 아일랜드의 혁명가 모드 곤(Maud Gonne), 아일랜드 시인 윌리엄 버틀러 예이츠(William Butler Yeats), 웨일스 작가 아서 매천(Arthur Machen), 영국 작가 에블린 언더힐(Evelyn Underhill)과 알레이스터 크로울리(Aleister Crowley) 등 유명 인사들이 다수 회원으로 참여하고 있었다.

1896년 또는 1897년경, 웨스트콧은 황금새벽회와 모든 연을 끊고 탈퇴하였고, 매더스(Mathers)가 단독으로 조직을 이끌게 되었다. 그의 탈퇴 이유로는 오컬트 관련 문서를 한손 캡(hansom cab, 2륜 마차)에 두고 분실했기 때문이라는 설이 있다. 그 문서들이 회수되었고, 이를 통해 웨스트콧과 황금새벽회 간의 연관성이 드러나 그의 고용주들에게 보고되었으며, 그로 인해 황금새벽회를 떠나거나 직업(검시관)을 포기하라는 통보를 받았을 가능성이 있다.

웨스트콧의 탈퇴 이후, 매더스는 플로렌스 파를 '앵글리아 지역의 수석 아

황금새벽회 십자가

뎁트(Chief Adept in Anglia)'로 임명하였다. 웨스트콧의 후임으로는 헨리 B. 풀렌버리 박사(Dr. Henry B. Pullen Burry)가 임명되었으며, 그는 황금새벽회 3대 지도자 중 하나인 총서기(Cancellarius)역할을 맡았다.

웨스트콧의 탈퇴 이후, 매더스는 유일한 창립 활동 회원으로 남았으나, 회원들과의 성격적 충돌과, 영국 내 중심 로지 활동에 자주 부재했던 점 때문에 제2 오더(Inner Order) 내에서 그의 리더십에 대한 도전이 발생하기 시작했다.

5. 반란

1899년 말, 이시스-우라니아 사원과 아멘-라 사원의 아뎁트(고위 회원)들은 매더스(Mathers)의 지도력에 불만을 품게 되었고, 특히 그가 알레이스터 크로울리(Aleister Crowley)와 점점 가까워지는 관계에도 불안감을 느끼기 시작했다. 또한, 매더스를 매개로 하는 대신, 비밀 지도자들(Secret Chiefs)과 직접 접촉하고자 하는 열망도 커지고 있었다. 이시스-우라니아 사원 내부에서는, 플로렌스 파(Florence Farr)가 주도하는 비밀 결사 '더 스피어(The Sphere)'와 다른 아뎁투스 미노르(Adepti Minores, 중간 등급 회원들)간에 갈등이 발생하고 있었다.

런던의 관리들은 크로울리의 아뎁투스 미노르 등급 입문을 거부했다. 그러나 매더스는 이 결정을 무시하고 1900년 1월 16일 파리의 아하투르(Ahathoor) 사원에서 크로울리를 빠르게 입문시켰다. 이후 크로울리는 런던 사원으로 돌아와 자신이 받은 등급을 증명하는 문서를 요구했고, 당시 서기 대행이던 크래크넬 양(Miss Cracknell)에게 이를 요청했다.

이 사건은 런던의 아뎁트들에게 결정적인 분열의 계기가 되었다. 이미 런던 사원을 폐쇄해야 한다는 입장이었던 플로렌스 파는 매더스에게 자신의 대표직을 사임하고 싶다는 편지를 보냈으며, 후임이 정해질 때까지는 임시로 계속 활동하겠다는 의사도 함께 밝혔다. 매더스는 이 사태의 배후에 웨스트콧이 있다고 믿었고, 2월 16일에 답장을 보냈다.

3월 3일, 런던에서는 7명의 아뎁트로 구성된 위원회가 선출되어 사건에 대한 전면적인 조사를 요청했다. 이에 대해 매더스는 증거 제출을 거부했고, 런던 사원을 인정하지 않으며, 3월 23일부로 파를 자신의 대리인 자리에서 해임한다고 통보했다. 이에 대한 대응으로, 3월 29일 런던에서 전체 회의가 열려, 매더스를 수장직에서 해임하고 조직에서 추방하는 결정을 내렸다.

6. 조직 구조 및 등급

황금새벽회의 위계적 구조는 상당 부분이 잉글랜드 장미십자회(Societas Rosicruciana in Anglia, SRIA)에서 유래했으며, SRIA 자체도 황금장미십자회(Order of the Golden and Rosy Cross)에서 파생된 조직이다.

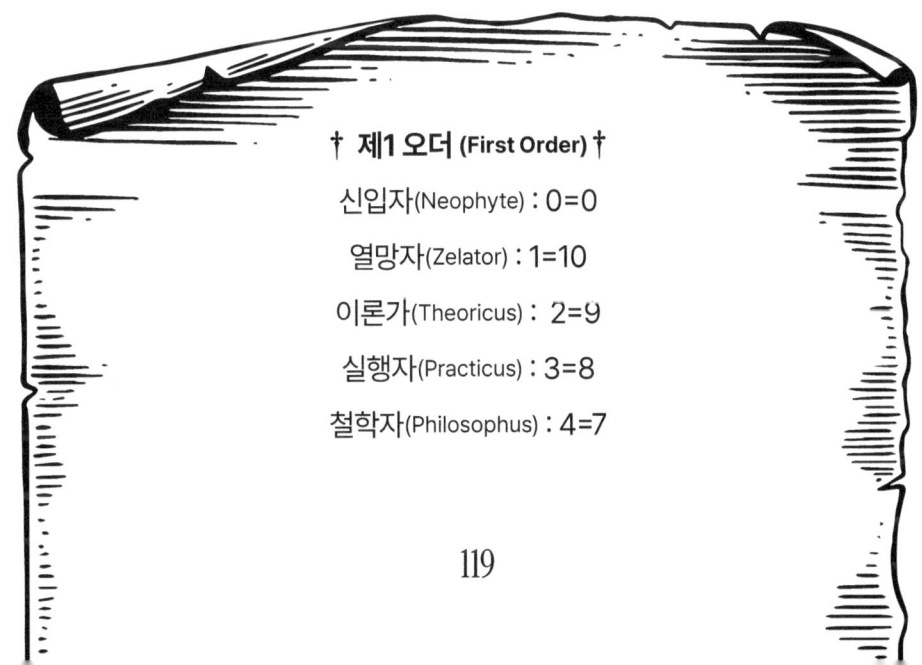

† 제1 오더 (First Order) †

신입자(Neophyte) : 0=0

열망자(Zelator) : 1=10

이론가(Theoricus) : 2=9

실행자(Practicus) : 3=8

철학자(Philosophus) : 4=7

Hermeticism

헤르메티시즘

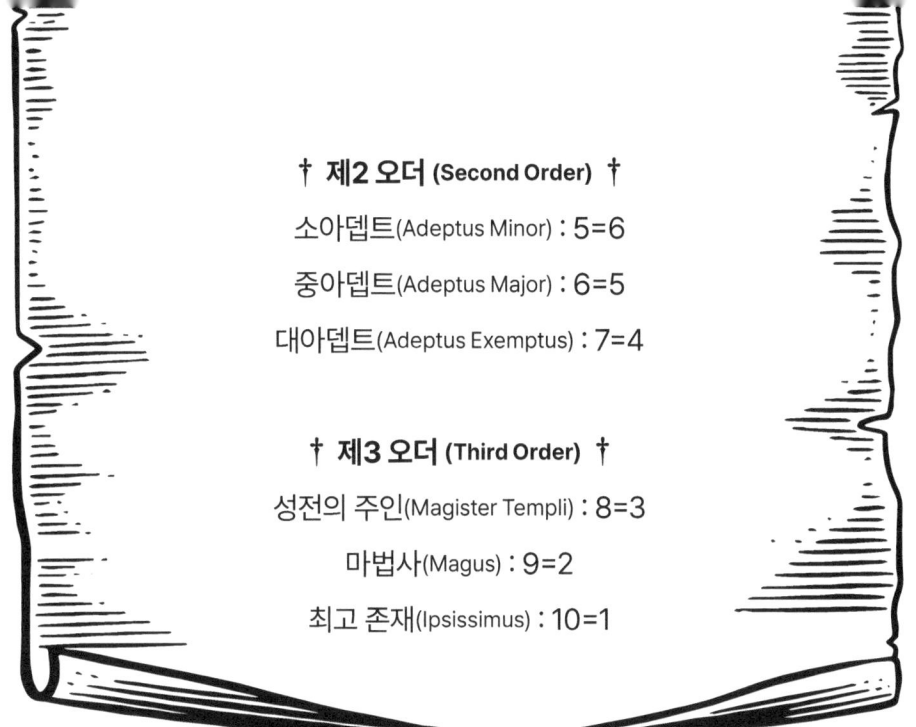

† 제2 오더 (Second Order) †

소아뎁트(Adeptus Minor) : 5=6

중아뎁트(Adeptus Major) : 6=5

대아뎁트(Adeptus Exemptus) : 7=4

† 제3 오더 (Third Order) †

성전의 주인(Magister Templi) : 8=3

마법사(Magus) : 9=2

최고 존재(Ipsissimus) : 10=1

이 등급에 붙은 쌍 숫자(예: 3=8)는 생명나무(Tree of Life)에서의 위치를 나타낸다. 예를 들어 0=0은 생명나무의 특정 지점과는 무관함을 뜻한다. 나머지 등급들에서, 첫 번째 숫자는 생명나무의 하단(말쿠트, Malkuth)으로부터 몇 단계 위인지, 두 번째 숫자는 상단(케테르, Kether)으로부터 몇 단계 아래인지를 나타낸다.

제1 오더의 등급들은 각각 4대 원소(흙, 공기, 물, 불)와 관련되어 있다. 등급에 도달하려는 지원자는 각 원소의 형이상학적 의미에 대한 교육을 받고, 필기시험과 실기 평가를 통과해야 해당 등급으로 입문할 수 있었다.

볼레스킨 하우스(Boleskine House)

볼레스킨 하우스(Boleskine House)(스코틀랜드 게일어: Taigh Both Fhleisginn)는 스코틀랜드 하일랜드의 네스호(Loch Ness) 남동쪽 기슭에 위치한 대저택이다. 이곳은 작가이자 오컬티스트인 알레이스터 크로울리(Aleister Crowley)와 레드 제플린(Led Zeppelin)의 기타리스트이자 프로듀서인 지미 페이지(Jimmy Page)가 거주했던 장소로 유명하다. 이 저택은 2015년 12월과 2019년 7월, 두 차례 큰 화재 피해를 입었으며, 복원 및 재건 작업은 2019년 12월에 시작되었다. 볼레스킨 하우스 재단(Boleskine House Foundation SCIO)은 복원 사업을 관리하기 위해 2019년에 이 부동산의 일부 소유권을 인수했으며, 이 건물은 2025년에 대중에게 다시 개방될 예정이다.

1. 배경

볼레스킨 하우스는 인버네스에서 남쪽으로 약 34km(21마일) 떨어진 곳에 있으며, 네스호(Loch Ness)를 사이에 두고 미얼 푸아르-보나이드(Meall Fuar-mhonaidh)의 맞은편에 위치해 있으며, 포이어스(Foyers)와 인버패리가이그(Inverfarigaig)라는 두 마을의 중간 지점에 자리하고 있다.

이 지역은 알레이스터 크로울리가 이사 오기 훨씬 전부터 기이한 일들이 벌어졌던 곳으로 알려져 있다. 볼레스킨 교구는 13세기에 형성되었으며, 이 무렵 교회와 묘지가 세워졌다. 여러 명의 목사들이 차례로 교구를 담당했고, 그들은 날씨에 상관없이 말을 타거나 도보로 지역을 순회했다. 토머스 휴스

볼레스킨 하우스

턴 목사(1648-1705)는 지역의 교활한 마법사가 볼레스킨 묘지에서 죽은 자들을 되살린 뒤, 되살아난 시체들을 다시 급히 무덤에 눕히는 임무를 맡았던 인물로 전해진다.

볼레스킨 하우스는 예배 중에 화재가 발생해 참석자 전원이 사망했다는 전설이 있는 그 교회 터 위에 세워졌다. 이 저택은 1760년대에 아치볼드 프레이저 대령이 사냥용 별장으로 건축했다. 그는 1745년 자코바이트 반란 당시 하노버 왕가를 지지했던 로벗 경(Lord Lovat, 본명 사이먼 프레이저)에 대한 복수로 이 부지를 택했다는 이야기도 있다. 볼레스킨 부지는 로벗 경의 땅에 둘러싸여 있었기 때문이다.

이 사냥용 별장은 1830년경까지 프레이저 가문에 의해 지속적으로 확장되었으며, 모든 방이 단층 구조로 되어 있었다. 침실 네 개, 부엌, 부엌 위층의 하인용 다락방, 응접실, 거실, 도서관 등이 포함되어 있었고, 집과 묘지를 연결하는 터널도 존재했다고 전해진다.

2. 알레이스터 크로울리의 소유 (1899-1913)

알레이스터 크로울리는 1899년 프레이저 가문으로부터 볼레스킨 하우스를 구입했다. 당시 이 저택은 지역 교구 이름을 따 '볼레스킨 앤드 아버타프(Boleskine and Abertarff)의 영지(Manor)'로 알려져 있었다. 크로울리는 이 장소가 『아브라멜린의 신성한 마법(The Sacred Magic of Abramelin the Mage)』이라 불리는 일련의 의식을 수행하기에 적합한 장소라고 믿었다. 이 의식은 『아브라멜린의 서(The Book of Abramelin)』라는 그리모어(마법서)에서 유래한 것이다.

크로울리는 자서전인 『알레이스터 크로울리의 고백』에서, 이 의식을 수행

Boleskine Cemetery in 2007

Boleskine Mortuary House in the graveyard in 2002

하기 위해서는 다음과 같은 조건이 필요하다고 썼다.

"무엇보다도 중요한 건 다소 외딴 곳에 있는 집이다. 당신이 기도실(oratory)로 쓸 방에서 북쪽으로 향하는 문이 있어야 한다. 문밖에는 고운 강모래로 덮인 테라스를 만들고, 그 끝에 정령들이 모일 수 있는 '로지(lodge)'를 설치해야 한다."

이 의식의 목적은 '수호 천사(Guardian Angel)'를 소환하는 것이다.

이것은 최소 6개월간의 준비, 금욕, 금주를 요구한다. 동시에 지옥의 12명의 왕과 공작(Dukes)을 소환하여 그들을 속박하고, 마법사의 삶에 끼치는 부정적 영향을 제거하는 단계도 포함되어 있다. 크로울리가 이 장기간 의식을 수행하던 중, 황금새벽회의 지도자로부터 파리로 호출되는 일이 생겼다. 전설에 따르면, 그는 자신이 소환한 악령들을 제대로 퇴마하지 않은 채 떠났으며, 이후 볼레스킨 하우스 주변에서는 기이한 사건들이 벌어졌다고 전해진다.

크로울리는 이 저택에서 흑마술과 다양한 의식을 수행했다는 이야기로 악명이 높아졌다. 그는 '로드 볼레스킨(Lord Boleskine)'이라는 가명을 쓰기도 했다. 그의 관리인이었던 휴 길리스(Hugh Gillies)는 자녀 둘을 잃는 등 개인적인 비극을 여러 차례 겪었다. 훗날 크로울리는 자신의 흑마술 실험이 통제 불능 상태에 빠졌다고 주장했다.

크로울리는 이 저택을 이렇게 묘사했다.

"이 집은 길고 낮은 구조다. 나는 남서쪽 절반을 내 작업 공간으로 정했다. 가장 큰 방에는 휘어진 창이 있었고, 나는 이곳에 문을 내고 테라스와 로지를 만들었다. 방 안에는 정식 기도실도 만들었는데, 이것은 나무로 된 구조물이며, 일부는 내가 런던에서 가져온 큰 거울들로 내부를 장식했다."

그는 1913년에 이 저택을 떠났으며, 이후 잠시 동안 폴커크(Falkirk) 근처 데

니론헤드(Dennyloanhead)의 조촐한 오두막에서 지냈다.

3. 1913-1970

제2차 세계대전 이후, 이 저택은 에드워드 그랜트 소령(Major Edward Grant)이 소유하게 되었다. 1960년 11월 9일, 그랜트 소령이 크로울리의 침실에서 엽총으로 자살한 사건이 보도되었다.

그 사건 이후, 막 결혼한 한 부부가 집에 입주했다. 아내는 시각장애인이었고, 한 달 후 남편은 집을 떠났으며, 아내는 혼자 남겨진 채 눈이 보이지 않는 상태로 집 안을 헤매고 다녔다고 전해진다.

1969년, 오컬트에 관심이 있던 실험 영화감독 케네스 앙거(Kenneth Anger)는 이 저택이 매물로 나와 있다는 소식을 듣고 몇 달 동안 임대해 거주했다. 이후 지미 페이지(Jimmy Page)가 이 이야기를 듣고, 1970년에 볼레스킨 하우스를 구입했다.

4. 지미 페이지의 소유 (1970-1992)

지미 페이지는 알레이스터 크로울리 관련 유품의 수집가로, "크로울리에 관한 책을 많이 읽었고, 그의 사상에 깊은 매력을 느꼈다"고 말했다. 페이지가 이 저택을 구입했을 당시, 건물은 상당히 황폐한 상태였지만, 그는 노래를 쓰기에 좋은 분위기를 가졌다고 생각했다. 그는 저택 복구를 지시한 뒤, 실제로는 그다지 머무르지 않았고, 대부분을 친구인 말콤 덴트(Malcolm Dent, 1944-2011)에게 맡겼다.

덴트는 이렇게 말했다.

Jimmy Page

지미 페이지

"지미 페이지가 나를 찾았을 때는, 내 인생에서 특별히 하는 일이 없던 시기였어요. 그는 올라와서 이 집을 좀 관리해보지 않겠냐고 했고, 왜 나를 지목했는지는 끝내 알 수 없었죠."

덴트가 처음 저택에 들어갔을 때, "집은 거의 폐허에 가까웠습니다. 사실상 방치돼 있었고, 최소한 한 차례 화재가 있었던 흔적이 있었으며, 건물 일부는 사라졌고 엉성하게 덧댄 상태였죠. 한때 잘 정돈돼 있었을 정원도 완전히 황폐해져 있었습니다."

덴트는 초자연 현상에 대해 회의적인 인물이었지만, 곧 이상한 현상들을 경험하기 시작했다. 몇 주가 지나자, 그는 복도에서 이상한 우르릉거리는 소리를 들었다. 확인하러 나가면 소리는 멈췄고, 다시 침실 문을 닫으면 또다시 들려왔다. 그는 이 집에 대해 조사하던 중, 그 소리가 전설에 따르면 참수당한 '로벗 경(Lord Lovat)'의 머리 소리라는 설이 있다는 걸 알게 됐다. 덴트는 이렇게 설명한다.

"볼레스킨 위쪽에는 '에로기(Errogie)'라는 곳이 있는데, 하일랜드 지방의 지리적 중심지라고 불립니다. 당시 볼레스킨은 에로기에 가장 가까운 성지였기 때문에, 그의 영혼이나 일부가 여기까지 왔다고 전해지는 거죠."

덴트는 또 "내 생애 가장 무서운 밤"도 겪었다고 회상했다. 어느 날 밤, 그는 야생 동물처럼 거친 숨소리와 쿵쿵거리는 소리에 잠에서 깼고, 그 소리는 침실 문 밖에서 한동안 계속되었다. 그는 아침이 되어서야 문을 열 용기를 냈지만, 문밖엔 아무것도 없었다. 덴트는 이렇게 덧붙였다.

"그게 뭐였든 간에, 순수한 아이었어요."

또 다른 친구는 볼레스킨에서 하룻밤 머문 뒤, "어떤 악마 같은 것에게 공격을 당했다"고 주장하기도 했다.

이 외에도, 의자 위치가 멋대로 바뀌고, 문이 이유 없이 열리고 닫히며, 카펫이 혼자 말려 올라가는 일들이 있었지만, 덴트는 그럼에도 불구하고 계속 그곳에 머물렀다. 그는 이 저택에서 아내를 만나 가정을 꾸렸다.

지미 페이지는 비록 볼레스킨 하우스에 오래 머문 적은 없었지만, 크로울리가 거주하던 당시의 분위기를 복원하기 위해 최선을 다했다. 예를 들어, 그는 화가 찰스 페이스(Charles Pace)에게 크로울리풍의 벽화를 의뢰해 저택의 벽에 그리도록 했다. 이 벽화는 1955년 케네스 앙거(Kenneth Anger)가 시칠리아에 있는 크로울리의 '텔레마 수도원(Abbey of Thelema)'에서 발견한 벽화를 참고한 것이었다.

5. 맥길리브레이 가문(MacGillivray family) (1992-2002)

이 저택은 1991년에 25만 파운드의 가격으로 매물에 나왔다. 그리고 1992년, 로널드와 아네트 맥길리브레이 부부가 이 저택을 구입했다. 아네트 맥길리브레이에 따르면, 구입 당시 저택은 매우 심각하게 낡아 있었다고 한다. 부부는 "집을 벽체가 드러날 정도로 전면 철거하고 지붕까지 새로 얹는 등, 상당한 비용을 들였다"고 말했다. 그때 집에는 침실 4개, 욕실 4개, 거대한 응접실, 식당, 도서관, 그리고 여러 개의 작은 방들이 있었다. 이후 이 집은 호텔로 개조되었다.

로널드 맥길리브레이는 2002년에 사망했다. 그는 생전에 이 저택이 과거 크로울리가 살던 '어두운 역사'에 대해 언급되는 것을 매우 싫어했던 인물로 알려져 있다. 그의 아내는 "볼레스킨 하우스에서 이상한 일을 겪은 적이 있느냐"는 질문에 이렇게 답했다. "전혀 없습니다. 저는 그런 걸 믿지도 않고, 그런 헛소리에는 관심도 없었어요. 우린 그곳에서 정말 즐겁게 지냈어요."

6. 개인 소유 시기 (2002-2015)

로널드 맥길리브레이가 사망한 뒤, 볼레스킨 하우스는 다시 매물로 나왔다. 이후 네덜란드 국적의 새 소유주가 집을 다시 개인 주택으로 개조했고, 휴가용 별장으로 사용했다.

2009년에는 저택 부지의 일부였던 1.9에이커(약 7,700㎡) 규모의 땅이 17만 6천 파운드에 매물로 나왔다. 이 부지에는 침실 3개의 통나무집을 지을 계획이 포함되어 있었고, 또한 네스호(Loch Ness)의 해안선 43미터(140피트) 구역도 포함되어 있었다.

7. 대형 화재 (2015)

2015년 12월 23일 오후 1시 40분경, A82 도로를 지나던 운전자가 볼레스킨 하우스에서 연기와 불길이 치솟는 것을 목격해 신고했다. 소방대가 현장에 도착했을 때는 이미 건물의 약 60%가 전소된 상태였으며, 불길은 최대 6미터(20피트) 높이까지 치솟았다. 소방대는 심하게 손상된 건물 중 서쪽 윙을 중심으로 진화 작업을 집중했다.

소유주의 사업 파트너와 그의 딸은 당시 외출 중이었으며, 쇼핑을 마치고 돌아와 집이 불타는 것을 발견했다. 화재는 부엌에서 시작된 것으로 추정되었고, 당시 건물 내부에는 아무도 없었으며 인명 피해는 없었다.

8. 2015년부터 현재까지

화재로 인해 저택 내부는 거의 완전히 소실되었고, 지붕 일부와 외벽만이 남았다. 이전 소유주인 아네트 맥길리브레이는, 피해 규모가 너무 커서 "오컬트에 관심이 많고, 많은 돈을 쓸 의지가 있는 누군가가 나타나지 않는 이상, 다시 복원되기는 어려울 것"이라고 말했다.

2019년 4월, 폐허와 함께 22에이커(약 8.9헥타르)의 토지가 50만 파운드에 시장에 나왔다. 이후 볼레스킨 하우스 재단(Boleskine House Foundation SCIO)이 부지를 인수했고, 건물과 정원을 원래 모습으로 복원한 뒤, 대중에게 공개할 계획이다.

2019년 7월 31일, 또 다른 화재가 발생했다. 사유지 내 두 건물에서 동시에 불이 났으며, 방화의 가능성이 제기되었다. 경찰은 현재 범인과 관련된 제보를 공개적으로 요청하고 있다. 이 화재는 볼레스킨 하우스 내부에 남아 있던 잔여 구조물들까지 소실시켰으며, 2019년 12월부터는 소실된 자재를 제거하고 새 지붕 설치를 위한 정리 작업이 시작되었다.

2020년부터는 일반인도 사전 예약을 통해 복원 중인 볼레스킨 하우스를 견학할 수 있게 되었다.

2023년, 재단은 2025년에 정식으로 일반 대중에게 완전히 개방할 예정이라고 발표했다. 복원 작업은 역사적 고증을 보존하기 위해 전통적인 건축 기법과 재료를 사용하여 진행되고 있으며, 총 복원비는 약 120만~150만 파운드에 이를 것으로 예상된다. 복원이 아직 완료되지 않은 상태임에도 불구하고, 볼레스킨 하우스는 2024년에 TripAdvisor '트래블러스 초이스 어워드'를 2년 연속 수상했다.

2024년 9월부터는 복원의 마지막 단계에 돌입, 2025년 12월에 완공될 예정이다. 이 단계에서는 내부 인테리어를 재구성하며, 제이콥 왕조기, 조지 왕조기, 빅토리아 시대의 분위기를 재현하는 거실, 식당, 도서관 등이 조성될 예정이다. 디자인은 재단 소속 자원봉사 디자인 팀과, 인버네스(스코틀랜드 북부에 위치한 도시)에 기반을 둔 보존 전문 건축사무소 LDN 아키텍츠가 맡았고, 시공은 지역 시공업체 심프슨 빌더스(Simpson Builders)가 담당하고 있다.

또한 이 프로젝트는 내셔널 로터리 헤리티지 기금(National Lottery Heritage Fund)에서 25만 파운드의 지원금을 받아 진행 중이다. 볼레스킨 하우스는 스코틀랜드 정부가 지정한 '카테고리 B' 등재 문화재이며, 인접한 마구간과 게이트 롯지(출입문 건물)도 같은 등급으로 보호받고 있다.

9. 대중문화 속 볼레스킨 하우스

볼레스킨 하우스는 1908년 W. 서머싯 몸(W. Somerset Maugham)의 소설 『The Magician』에 등장하며, 그 속에서는 '스킨(Skene)'이라는 이름으로 묘사된다. 크로울리는 이 책이 자신의 사상을 표절한 것이라고 주장했고, 이에 대한 반박으로 『배니티 페어(Vanity Fair)』에 '올리버 해도(Oliver Haddo)'라는 필명으로 기사를 쓰기도 했다. (해도는 몸의 소설에 등장하는 인물 이름이다.)

1976년 레드 제플린의 콘서트 영화 『The Song Remains the Same』 속 지미 페이지의 판타지 시퀀스는 볼레스킨 하우스에서 촬영되었다.

또한 2019년 닐 스프링(Neil Spring)의 소설 『The Burning House』에서도 이 저택이 주요 배경으로 등장한다.

암호 문서 (Cipher Manuscripts)

암호 문서는 총 60장의 필사본(folio)으로 구성되어 있으며, 지구(Earth), 공기(Air), 물(Water), 불(Fire)이라는 영적 원소에 대응하는 일련의 마법 입문 의식의 구조적 개요를 담고 있다. 이 문서에 담긴 오컬트 자료는 19세기 중반까지 서구 세계에 알려진 고전 마법 이론과 상징 체계를 집대성한 것으로, 이를 결합하여 서양의 신비주의 전통(Western mystery tradition)을 포괄하는 모델로 구성한 뒤, 등급별로 구성된 마법 상징 교육 과정의 커리큘럼 형태로 배열되어 있다. 이 문서는 잉글랜드 장미십자회(SRIA)의 주요 인물들 손에 들어간 이후, 헤르메스 황금새벽회(Hermetic Order of the Golden Dawn)의 조직 구조를 만드는 데 사용되었다.

1. 설명(Description)

전체 필사본은 1809년이라는 워터마크가 찍힌 면 종이 위에, 검은 잉크로 작성되었으며, 오른쪽에서 왼쪽으로 쓰인 단순 치환 암호 형식의 평문 영어로 구성되어 있다. 숫자는 히브리 문자로 치환되어 있으며, 예를 들어 Alef=1, Bet=2와 같은 방식이다. 본문 곳곳에는 의식 도구나 타로 카드, 마법 도해 등에 대한 조잡한 그림이 삽입되어 있다. 마지막 페이지 하나는 불어와 라틴어로 된 번역본이 포함되어 있다.

이 암호 문서에는 등급별 의식의 개요, 그리고 카발라와 헤르메틱 마법에 대한 체계적 교육 과정의 커리큘럼이 담겨 있다. 내용에는 점성술, 오컬트 타

LIVRE CINQVIESME

AVTRE ALPHABET, PAR
lequel Honorius, surnommé Thebanus, descriuoit occultement ses reigles & ordonnances de magie.

[alphabet cipher table a–z & with symbols]

AVTRE ALPHABET, PAR
lequel certains Alchimistes ont voulu secrettement couurir & descrire les reigles, & secrets de leur science, faisants d'icelle plus grande estime, qu'elle n'est digne ny merite.

[alphabet cipher table a–z & with alchemical symbols]

L'Alchimie ordinairement est accompagnée de plusieurs seruantes ses familieres & domestiques, qui par assidue &

로, 지리점(Geomancy), 연금술 등의 주제도 포함되며, 여러 도식과 의식 도구들의 간단한 그림도 다수 포함돼 있다.

이 암호 문서가 바로 황금새벽회의 의식 및 교리 강의(Lectures)의 원천 자료가 되었다. 문서에서 설명되는 실질적인 마법 지식은 이미 알려져 있던 전통들에서 유래했다. 헤르메티시즘, 연금술, 카발라, 점성술, 타로는 모두 19세기 마법 연구자들에게 널리 알려져 있었던 분야였다. 이 암호는 기존의 마법 전통들을 모아 집대성한 개요서(compendium)라 볼 수 있다. 의식의 기본 구조와 등급 명칭들은, 잉글랜드의 장미십자회(Societas Rosicruciana in Anglia)나 독일의 '황금장미십자회(Orden der Gold- und Rosenkreuzer)'에서 사용되던 체계와 유사하다.

2. 발견(Discovery)

월리엄 윈 웨스트콧(William Wynn Westcott)은 런던 부검관이자, 잉글랜드 장미십자회(S.R.I.A.)의 회원, 그리고 황금새벽회의 공동 창립자 중 한 명이었다. 그는 이 암호 문서를 유명한 프리메이슨 학자 케네스 R. H. 매켄지(Kenneth R. H. Mackenzie)의 동료였던 A. F. A. 우드퍼드 목사(Rev. A. F. A. Woodford)로부터 받았다고 주장했다. 이 문서는 1886년 매켄지 사망 이후, 그의 스승이었던 프레더릭 호클리(Frederick Hockley)의 유품속에서 웨스트콧이 확보한 것으로 알려져 있으며, 1887년 9월경, 웨스트콧에 의해 해독되었다.

문서 안에는 또한 독일에 거주하는 고령의 아뎁트, 안나 스프렝겔(Fräulein Anna Sprengel)의 주소도 포함되어 있었다. 웨스트콧에 따르면, 그는 스프렝겔에게 편지를 보내 문서의 내용에 대해 문의했고, 스프렝겔은 이에 답신을 보냈으며, 웨스트콧과 그의 동료이자 프리메이슨인 새뮤얼 리델 매더스(Samuel Liddell MacGregor Mathers)의 요청을 받아들여, 영국 내에서 황금새벽회의 로지를 운영할 수 있도록 하는 헌장(Charter)을 발급해 주었다고 한다.

웨스트콧이 설립한 첫 번째 황금새벽회 로지는 이시스-우라니아(Isis-Urania) 사원으로, "No. 3"이라는 번호가 붙었다. 1번(No. 1)은 스프렝겔 양의 로지, 2번(No. 2)은 이름이 알려지지 않은 런던 내 인물들에 의해 시도되었다가 실패한 로지로 추정되며, 이는 몇 년 전 매켄지 또는 S.R.I.A. 회원들의 시도를 지칭하는 것일 수도 있다. 하지만 연구자 로널드 데커(Ronald Decker)와 마이클 더멧(Michael Dummett)에 따르면, 안나 스프렝겔의 이름이 언급된 암호 문서의 해당 페이지는 원본의 일부가 아니었을 가능성이 매우 높다. 이들은 웨스트콧이 황금새벽회에 고대 비의 전통과의 연결성을 부여하기 위해 스프렝겔이라는 인물을 만들어 냈을 것이라고 주장한다.

3. 논란(Controversy)

암호 문서(Cipher Manuscripts)의 기원을 둘러싸고는 논란이 많다. 웨스트콧은 안나 스프렝겔이 '황금장미십자회(Gold- und Rosenkreuzer)' 소속의 독일인 아뎁트였으며, 그녀가 자신과 매더스에게 영국에서 황금새벽회를 설립할 수 있도록 허가하는 편지를 보냈다고 주장했다. 이후 매더스는 그 편지들만 위조된 것이라고 주장했지만, 문서 자체를 웨스트콧이나 매더스가 직접 썼다고 보기는 어렵다는 시각이 일반적이다. 물론, 일부 사람들은 이 문서가 두 사람이 지어낸 것이라고 믿기도 한다.

학계에서는 전반적으로 웨스트콧의 주장에 신빙성이 낮다고 보고 있으며, 특히 문서의 작성 시기와 그 내용의 진위 여부는 오랜 기간에 걸쳐 주요한 논쟁거리로 남아 있다. 예를 들어, 이 문서에는 고대 이집트의 『사자의 서(Book of the Dead)』에 대한 언급이 포함되어 있는데, 이 문서는 1822년 로제타석(Rosetta Stone)이 해독되기 전까지는 학계에서 그 내용을 전혀 이해하지 못했으며, 최초의 번역본이 1842년에야 출판되었기 때문에, 문서의 내용이 실제로 19세기 초 이후의 지식을 반영한 것이라는 비판이 제기되어 왔다.

4. 기원에 대한 여러 가설

암호 문서(Cipher Manuscripts)의 실제 출처에 대해서는 여러 가지 설이 존재한다. 대표적인 이론들은 다음과 같다:

- 웨스트콧과 매더스가 암호 문서와 편지를 직접 조작해 만들었으며, "로지에 속한 장미십자회 아뎁트(Rosicrucian Adepts)"라는 기원 신화를 창조해 새로 만든 단체에 신빙성을 부여했다는 설.
- 프리메이슨이자 성직자인 A.F.A. 우드퍼드가 런던 웰링턴 로드의 중고서점에서 문서를 발견, 그것을 친구인 웨스트콧에게 해독을 의뢰했다는 설.
- 편지는 웨스트콧이 위조했지만, 암호 문서 자체는 케네스 매켄지 또는 S.R.I.A.의 다른 학자들이 작성했으며, 안나 스프렝겔은 웨스트콧이 지어낸 인물로, 새로 만든 단체에 전통성과 계보를 부여하기 위한 신화적 장치였다는 주장. 웨스트콧은 당시 오컬트계에서 권위를 얻기 위해, 문서의 출처를 더 신비롭고 전통 있는 것으로 보이게끔 만들었다는 해석이다.
- 독일의 장미십자회는 실제 존재하지 않았으며, 황금새벽회의 첫 번째 사원은

S.R.I.A. 내부의 비밀 조직인 '8인의 모임(Society of Eight)'이 계획한 프로젝트였다는 설. (웨스트콧이 암호 문서를 "발견"했을 무렵, 이 조직의 구성원들은 이미 모두 사망한 상태였다고 전해진다.) 안나 스프렝겔은 실존하지 않았지만, 암호 문서는 실제로 고문서적 가치가 있는 자료로, 요한 팔크(Johann Falk)를 거쳐 프랜시스 바렛(Francis Barrett), 엘리파스 레비(Eliphas Levi), 그리고 매켄지, 우드퍼드, S.R.I.A.로 이어졌다는 주장.

- '골트 운트 로젠크로이츠(Gold und Rosenkreutz)'라는 독일 장미십자회는 실제로 존재했으며, 1810년경 런던에도 지부가 설립되었고, 매켄지는 헝가리의 아폰니 백작(Count Apponyi)에게 입문해 이 단체의 일원이 되었으며, 암호 문서에 나오는 의식들도 이들로부터 얻었다는 설.
- 암호 문서의 의식은 S.R.I.A.의 후원자였던 에드워드 불워-리튼 경(Edward Bulwer-Lytton)또는 유명한 장미십자회 점성술사이자 필사본 수집가였던 프레더릭 호클리(Frederick Hockley)가 작성했으며, 이 문서가 매켄지에게 전해졌다는 설.
- 암호 문서는 실제로 유효한 문서이며, 황금새벽회는 바이에른에 있었던 유대인 비의 단체 '다가오는 새벽의 오두막(Loge zur aufgehenden Morgenröthe)'의 후손이라는 주장.

이 단체는 당시 프리메이슨 참여가 금지되었던 유대인들이 자체적으로 프리메이슨 스타일의 로지를 구성하기 위해 설립한 조직이었다. 어떤 경우든, 안나 스프렝겔이나 그녀의 로지의 신존을 증명할 수 있는 자료는 존재하지 않는다. (웨스트콧의 주장에 따르면, 독일의 다른 단원들은 스프렝겔이 이시스-우라니아 사원 설립을 허가한 데 반발했고, 그녀가 죽은 이후 모든 연락이 끊겼다고 한다.) 이시스-우라니아 로지의 헌장(Charter)은 웨스트콧, 매더스, 그리고 윌리엄 로버트 우드먼 세 사람이 직접 작성하고 서명했다. 매켄지가 남긴 일부 편지에는 '8인의 모임(Society of Eight)'이 존재했다는 언급은 있지만, 그들이 무엇을 가르쳤고 어떤 활동을 했는지에 대한 내용은 없다. 암호 문서에 담긴 상징과 철학은 프리메이슨 고위 등급, 장미십자회의 전통과 크게 다르지 않으며, 매켄지와 S.R.I.A.의 회원들은 카발라, 헤르메티시즘, 이집트학 등에 관한 문헌을 마법 도서관에서 접할 수 있었던 충분한 지적 역량을 갖춘 인물들이었기에, 이 모든 것을 종합해 황금새벽회의 체계를 만들 수 있었던 것으로 보인다.

하지만 이들 이론 중 어느 하나도 암호 문서의 기원을 확실하게 입증한 증거는 존재하지 않는다. 문서의 진위와 이시스-우라니아 헌장의 권위에 대한 의문은 1900년 황금새벽회의 첫 번째 분열 사태로 이어졌다. 1901년, 이 내부 갈등 속에서 회원이자 시인이었던 윌리엄 버틀러 예이츠(W. B. Yeats)는 《R.R. et A.C.의 명령체는 마법 조직으로 남아야 하는가?(Is the Order of R.R. et A. C. to Remain a Magical Order?)》라는 팸플릿을 비공개로 출판하기도 했다. 결국, 암호 문서의 진정한 기원은 오늘날까지도 미스터리로 남아 있다.

Four:
Information on Black Magic

흑마법
관련 정보 등

Information on Black Magic

흑마법 관련 정보

　흑마법, 또는 흑마술은 오래도록 '금기'로 여겨졌다. 사람들은 이를 흔히 타인을 저주하거나, 사리사욕을 채우기 위해 금지된 힘을 다루는 방식으로 인식해왔다. 중세와 근세의 기독교적 질서 아래에서 흑마법은 '악마의 조력', '신성모독'과 같은 개념들과 겹쳐지며, 마녀사냥의 명분으로 작동해 특히 여성들이 마녀로 몰려 박해를 받았다.
　하지만 흑마법이라는 이름이 실제로 가리키는 범위는 훨씬 넓고 복잡하다. 예컨대 15세기 독일의 신학자 요하네스 하틀리브는 금지된 일곱 가지 흑마법을 나열했는데, 그 안에는 죽은 자와의 교신, 미래를 점치는 점술, 동물 뼈로 신의 뜻을 읽는 골복술 등이 포함돼 있었다. 이런 목록은 흑마법이 단지 해를 끼치는 행위만이 아니라, 당시 사회가 억제하고자 했던 '다른 형태의 지식'과도 맞닿아 있었음을 보여준다.
　오늘날 흑마법은 여전히 위험하고 모호한 이름으로 남아 있다. 그러나 이

제 그 의미는 단지 '사악함'을 넘어, 통제되지 않는 상상력, 금지된 지식, 주류 밖의 욕망을 가리키는 은유로도 읽힌다. 대중문화와 현대 오컬티즘은 흑마법을 그 자체로 하나의 상징으로 받아들이며, 그 이면에 숨은 인간의 심층적인 욕망과 두려움을 탐색한다.

알레이스터 크로울리 역시 이러한 전통 속에서 등장했다. 그는 1898년, 비의학 단체 '황금새벽회(Hermetic Order of the Golden Dawn)'에 가입하며 본격적인 수행을 시작한다. 사무엘 매더스와 앨런 베넷 아래에서 의식 마법을 익힌 그는, 이후 멕시코, 인도, 히말라야 등지를 여행하며 수행과 상징, 신화, 철학을 통합한 자신만의 체계를 정립해 나간다.

Marilyn Manson

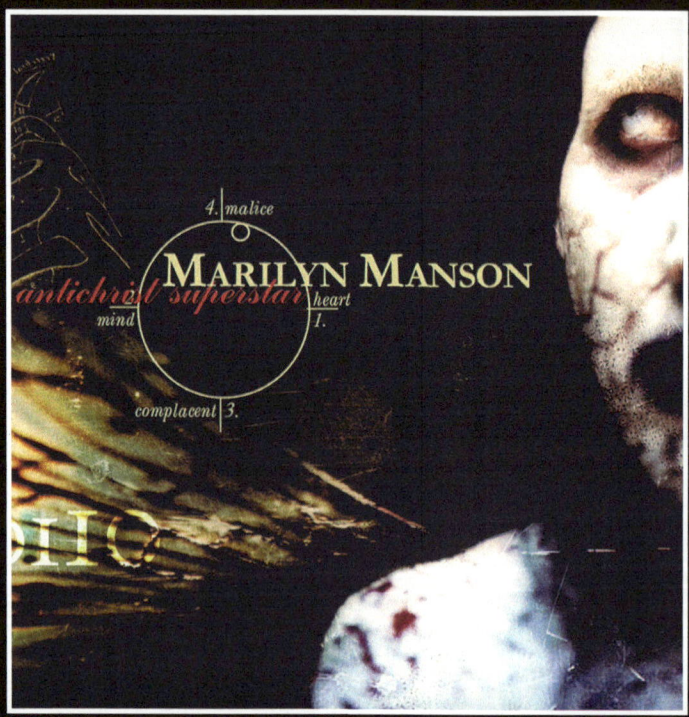

마릴린 맨슨 앨범 커버

+(etc1)
현대 록 음악과 크로울리

알레이스터 크로울리는 20세기 후반 대중문화, 특히 록 음악과 청년 하위문화에 강한 인상을 남겼다. 그가 남긴 글과 사상은 1960년대의 히피 문화와 자유주의적 흐름 속에서 다시 조명되었고, 음악가들은 그를 일종의 상징으로 받아들였다.

가장 대표적인 예는 비틀스다. 1967년 발표한 앨범 『Sgt. Pepper's Lonely Hearts Club Band』의 표지에는 수많은 인물들과 함께 크로울리의 얼굴이 등장한다. 비틀즈 앨범 표지에 있는 크로울리의 모습은, 그가 단지 논란의 중심에 선 인물이 아니라, 문화적 흐름 속에서 존재감을 뿜어내던 하나의 아이콘이었음을 보여준다.

비슷한 시기, 데이비드 보위는 1971년 앨범 『Hunky Dory』에 수록된 곡 'Quicksand'에서 "I'm closer to the Golden Dawn, immersed in Crowley's uniform of imagery…"라고 노래하며, 크로울리의 이미지와 상징

성에 몰입한 자신의 내면을 드러낸다. 이 가사는 당시 보위를 포함한 음악가들이 전통 종교나 도덕 너머의 새로운 상징 체계를 적극적으로 수용하고 있었음을 보여준다.

이후 등장한 마릴린 맨슨은 크로울리의 영향을 더욱 노골적으로 드러낸다. 1996년 앨범 『Antichrist Superstar』는 크로울리의 글과 철학에서 영감을 받은 작품으로, 그의 공연 연출은 파괴와 도발, 그리고 성과 신앙의 경계를 흔드는 퍼포먼스로 채워져 있다. 맨슨은 크로울리처럼, 금기를 정면으로 응시하며 그것을 예술로 전환하려 했다.

한편, 레드 제플린의 기타리스트 지미 페이지는 크로울리의 저택으로 알려진 볼레스킨 하우스를 구입해 실제로 거주했고, 관련 서적을 수집하며 오컬트 서점을 운영했다. 이는 단지 팬심을 넘어, 음악과 일상, 상징의 세계를 일치시키려는 시도였으며, 1970년대 록 문화 전반에 스며든 크로울리를 향한 관심의 일면이기도 했다.

이 흐름은 오지 오스본의 곡 'Mr. Crowley'로 이어진다. 그는 이 노래에서 크로울리에게 직접 말을 건네듯, "당신은 누구였나, 당신이 믿었던 힘은 어디서 왔는가?"라고 묻는다. 그는 크로울리를 일종의 전설적 인물로 호출하며, 과거가 아닌 지금 여전히 존재하는 누군가로 다룬다.

이처럼 크로울리의 이름은 앨범 커버, 가사, 공연 연출 등 대중음악의 여러 층위에서 반복적으로 등장해왔다. 그것은 단순한 인용이 아니라, 당시 사회가 억눌렀던 욕망, 금기, 자유의지를 향한 질문이 어디로 향하고 있었는지를 보여주는 일종의 징후였다. 그리고 그 이름은, 지금도 여전히 다양한 문화 속에서 호출되고 있다.

First published edition

THE BOOK OF THE LAW
[technically called
LIBER
AL vel
LEGIS
SUB FIGURA
CCXX
AS DELIVERED BY
XCIII = 418
TO
DCLXVI]

An Ixii Sol in Aries March 21, 1938 e.v.
Privately issued by the O.T.O.
BCM/ANKH
188, High Holborn, London, W.C.1.

Price One Shilling net.

최초로 출판된 판본

The Book of the Law

+(etc2)
등반가로서의 크로울리: K2를 오르다

크로울리의 등반 업적은 다른 활동들에 비해 많이 알려져 있진 않다. 1902년 오스카 에켄슈타인과 함께 K2(8,611m)에 도전한 최초의 서양인 중 한 명으로 기록돼 있다. 그러나 크로울리의 등반 업적은, 악마적 마법으로만 유명할 것 같은 크로울리의 또다른 면모를 엿볼 수 있는 부분이다. 기록에 의하면, 크로울리는 칸첸중가(8,586m) 원정에서 등반대를 직접 이끌며, 진짜 산악인다운 면모를 보여주기도 했다고 전해진다. 장비도 기술도 지금처럼 갖춰지지 않았던 시절임에도, 설산앞에서 쉽게 물러서지 않던 그의 모습은 그의 텔레마 사상 속에 녹아있던 '의지'의 표현이었을지 모르겠다.

크로울리의 K2등반에 있어서 두 번의 시도 모두 정상에는 도달하지는 못했지만, 칸첸중가 원정에서는 해발 7,620m(약 25,000피트)지점까지 당도하는데 성공했다. 당시로선 그 높이가 정식 기록상 사람이 산에 오른 최고 고도였다고 전해진다.

흥미로운 건, 크로울리가 도전했던 두 봉우리 모두 이후 50년이 지나서야 겨우 인간이 정상을 밟을 수 있었다는 점이다. 종교와 마법의 세계를 탐험하던 한 사람이 누구보다 먼저 하늘 가까이 다가서려 했다는 사실은 꽤 인상깊다.

1. 어린 시절과 등반

크로울리는 19살이 되던 해, 자신의 이름을 "알레이스터"로 바꿨다. 기존의 이름을 내려놓고 새 이름을 택한 건, 어쩌면 과거의 자신과 결별하고 전혀 다른 삶을 시작해보겠다는 의지의 표현이었을지도 모른다. 그 무렵 그는 체스와 등반에 깊이 빠져들었고, 1894년에는 스코틀랜드 등반 클럽에 가입하면서 본격적으로 두 세계에 발을 들였다. 그는 곧 균형을 중시하는 등반 방식의 선구자 중 한 사람으로 주목받게 되었는데, 특히 등산을 할 때, 바위 위에서 몸의 무게 중심을 정확히 조절할 수 있었다고 전해진다. 기록과 구전에 의하면 그는 손끝과 발끝으로 미세한 균형을 유지하면서 산에 오르는 등 등반에 있어서 남다른 재능을 보였다고 한다. 그의 등산 실력은 단순한 기술의 조합이라기보다는 직관과 감각에서 비롯된 타고난 능력이었다는 평이다.

1890년대 내내 그는 레이크 디스크릭트 지역을 중심으로 활발히 활동했다고 한다. 특히 네이프스 니들(Napes Needle)을 포함한 여러 암벽을 혼자서 오르며 조금씩 이름이 알려졌는데, 혼자 바위에 오르는 그의 모습은 당시 등반 문화 속에서도 꽤 이례적인 것이었다. 그는 데블스 치니, 에델드레다의 피나클, 그리고 비치 헤드의 백악 절벽에 있는 전설적인 루트인 쿨린 크랙(Cuillin

1902년 크로울리(왼쪽에서 두 번째)가 K2탐험 중 동료들과 함께 사진을 찍는 모습

출처: 게티 이미지, 픽처 포스트/헐튼

Crack)*에서도 최초로 등반에 성공했다. 특히 쿨린 크랙(Cuillin Crack)*은 워낙 난이도가 높아, 이후 사람이 이 길을 다시 오르는데 거의 1세기가 걸렸다. 그만큼 그의 등반은 당대를 한참 앞서 있었고, 탐험 정신의 깊이를 보여주는 상징으로 남게 되었다.

1895년 무렵부터 크로울리는 본격적으로 영국 산악계와 깊이 연결되기 시작했다. 이후 스위스 알프스를 무대로 성공적인 등반 여정을 이어갔다. 그는 아이거(13,015피트), 베터호른(12,113피트), 융프라우(13,642피트), 묀히(13,480피트) 등 여러 봉우리 정상에 오르며 등반가로서의 면모를 확실히 보여주었다. 또한, 크로울리는 수백만 달러에 달하는 유산 덕분에 스웨덴을 시작으로 인도, 러시아, 스리랑카, 일본을 거쳐 첫 번째 아내 로즈 에디스 켈리와 함께 이집트로 신혼여행을 떠나는 등 험난하면서도 방대한 여정을 이어갈 수 있었다. 그 사이, 그는 현대 크램폰의 발명가로 알려진 오스카 에켄슈타인과 함께 멕시코로 등산 여행을 떠나기도 했다. 에켄슈타인은 크로울리의 체력과 균형 감각에 깊은 인상을 받았고, 자서전 『고백』에서 한 팔로 풀업을 해내는 그의 놀라운 체조 실력을 인상 깊게 기록하기도 했다.

크로울리와 에켄슈타인은 멕시코에서 각각 세 번째와 두 번째로 높은 봉우리인 이스타치우아틀(17,160피트)과 포포카테페틀(17,802피트)의 정상에 올랐으며, 그 이후에는 등반 도중 실제로 폭발한 콜리마 화산(12,533피트), 그리고 멕시코 최고봉인 오리사바 피코(18,491피트)에도 도전했다. 하지만 끝내 정상에 오르지 못하고 실패했다.

---

* 쿨린 크랙(Cuillin Crack): 공식 등반 루트 명칭은 아니며, 크로울리가 스코틀랜드 쿨린 힐스에서 초등한 난이도 높은 루트를 지칭하는 비공식적인 표현이다.

1902년 산악가로서의 크로울리

출처: 게티 이미지

2. K2와 칸첸중가(Kanchenjunga) 원정

1902년, 크로울리와 에켄슈타인은 가이 놀스, 쥘 자코-기야르모드, 하인리히 판들, 빅터 베셀리와 함께 K2 등반을 처음 시도했다. 이들은 북동쪽 능선을 통해 정상에 오를 계획이었지만, 원정은 여러 악조건이 겹치며 거의 재앙에 가까운 상황으로 흘러갔다.

날씨는 끔찍했고, 산에서 보낸 68일 중 실제로 등반이 가능했던 날은 단 8일에 불과했다. 나머지 대부분의 시간은 고지대 캠프에 발이 묶인 채 악천후가 걷히기를 기다려야만 했다. 시간이 흐를수록 식량과 연료는 줄어들었고, 고립된 상황은 점점 더 버티기 어려워졌다. 크로울리는 심한 고산병에 시달리며 독감과 말라리아, 거기다 설맹증까지 겹쳤고, 리더였던 에켄슈타인 역시 호흡기 감염으로 고생하고 있었다. 당시엔 고지대에서 제대로 된 치료 방법도 없었고, 대원들은 제한된 약품과 장비에 만 의존한 채 버텨야 했다.

결국 어느 날, 고열로 정신이 흐려진 크로울리는 등반을 거부한 놀스를 향해 권총을 겨누는 사건까지 벌어지고 말았다. 상황은 위험하게 치달았지만, 직접적인 충돌로 이어지지는 않았고, 다행히 모든 대원들은 무사히 귀환할 수 있었다. 원정이 끝난 뒤, 크로울리는 자신들이 시도했던 북동쪽 능선보다는 아브루치 스퍼(남동쪽 지선)가 더 나은 루트일 거라고 생각했다. 그리고 반세기 뒤인 1954년, 이탈리아 팀이 K2 정상을 처음으로 밟았을 때 실제로 사용된 루트가 바로 아브루치 스퍼였는데, 이후 이 루트는 K2의 표준 등반 루트로 사리 잡게 된다.

1905년, 크로울리는 얄룽 빙하의 남서쪽 면을 따라 8,000m급 봉우리인 칸첸중가에 도전했다. 그는 자코-기야르모드, 알렉시 파셰, 샤를-아돌프 레이몽, 그리고 알체스터 리고 데 리기로 구성된 팀을 이끌고 원정에 나섰다.

그러나 이 탐험 역시 실패로 돌아갔다. 크로울리는 리더로서 지나치게 독단적이고 오만하다는 평가를 받았고, 그런 태도는 동료 등반가들의 불만을 불러일으켰다. 그는 짐꾼들에게도 가혹하게 대하며 수차례 폭력을 행사했는데, 그로 인해 자코-기야르모드와의 갈등은 점점 더 깊어졌다. 그러던 중 레이몽드가 해발 21,300피트(약 6,400m) 지점에서 눈사태에 휩쓸렸다고 보고하자, 자코-기야르모드와 드 리기는 크로울리를 리더 자리에서 끌어내리려고 했다. 그러나 '쿠데타'라고도 할 수 있는 그들의 시도는 실패로 끝이 났다.

그 후 두 사람은 파셰와 짐꾼 네 명과 함께 캠프 V(20,300피트)에서 하산을 시작했다. 크로울리는 야간 하산은 위험하다며 이를 만류했지만, 끝내 이들은 하산을 강행했다. 결국 로프 팀은 눈사태에 휩쓸렸고, 이 사고로 파셰와 짐꾼 세 명이 목숨을 잃게되었다. 유일한 생존자였던 레이몽드는 곧바로 캠프 V를 떠나 구조에 나섰고, 남은 생존자들에게 응급처치를 시도했다. 한편, 크로울리는 사고 당시 생존자들의 구조 요청과 비명을 들었음에도 불구하고 끝까지 텐트 안에 머문 채 움직이지 않았다는 증언이 남아 있다.

다음 날, 하산 중 그는 시신 수습 작업에 참여하지 않았고, 생존자들과도 별다른 말을 섞지 않은 채 사고 현장을 지나쳤다. 이후 그는 원정대의 남은 자금을 들고 홀로 다르질링으로 도주했다. 사건 이후 크로울리는 인도 신문에 보낸편지에서 동료들에 대한 경멸감을 드러냈는데, "산에서 이런 종류의 사고는 제가 전혀 동정할 수 없는 일 중 하나입니다."라며 차가운 반응을 보였다. 결국 1955년, 크로울리와 그의 동료들이 반세기 전 도전 했던 바로 그 경로를 따라 영국 원정대가 마침내 칸첸중가 정상에 도달하게 된다.

3. 칸첸중가 원정 그 이후

칸첸중가는 크로울리가 마지막으로 진지하게 나선 고산 등반이었다. 하지만 이 원정에서 보인 그의 태도는 동료 등반가들과의 갈등, 현장 대응에 대한 비판 등 여러 문제를 발생시키며, 등반가로서의 평판에 큰 타격을 주었다. 이 일은 오랜 친구였던 에켄슈타인에게도 깊은 실망을 안겼고, 이후 두 사람의 관계에도 부정적인 영향을 남겼다.

이후 크로울리는 말년의 대부분을 오컬트 활동에 집중하며 여러 지역을 오가며 텔레마를 전파하고, 의식 마법 실천에 힘을 쏟았다. 하지만 아편 중독과 건강 악화가 겹치면서, 삶은 더 불안정해졌고, 크고 작은 어려움 속에서 말년을 보냈다고 한다. 그는 1947년 12월, 영국에서 만성 기관지염으로 세상을 떠났으며, 향년 72세였다.

4. 알레이스터 크로울리의 등반 업적

크로울리는 비록 당대에 악명 높은 인물이었지만, 등반가로서 업적을 남긴 것도 분명한 사실이다. K2와 칸첸중가 원정은 모두 정상에 오르지는 못했지만, 그는 알프스의 여러 봉우리를 성공적으로 등반했고, 1890년대에는 레이크 디스트릭트와 비치 헤드의 암벽을 비롯한 영국 각지에서 난이도 높은 초

등 기록들을 남겼다.

크로울리가 세운 주요 등반 기록

- **아이거**(13,015피트), 베른 알프스, 스위스
- **베터호른**(12,113피트), 베른 알프스, 스위스
- **융프라우**(13,642피트), 베른 알프스, 스위스
- **묀히**(13,480피트), 베른 알프스, 스위스
- **당 블랑슈**(14,298피트), 페닌 알프스, 스위스
- **마테호른**(14,692피트), 페닌 알프스, 스위스
- **이스타치우아틀**(17,160피트), 멕시코 횡단 화산 지대, 멕시코
- **포포카테페틀**(17,802피트), 멕시코 횡단 화산 지대

에필로그

Who am I?

"나는 누구인가?"

이제 당신은 이 책의 마지막 페이지에 도달하였다.『법의 서』는 많은 말을 하지 않는다. 그러나 그 침묵과 단호함 사이에서, 크로울리는 시대의 언어로는 말할 수 없던 어떤 가능성을 열어 보이고자 했다. 그는 이 책을 통해 단순한 진리를 전달하려 하지 않았다. 오히려 기존의 진리를 해체하고, 그 자리에 새롭게 생각하고 살아가야 할 이유를 남겨놓으려 했다. 그렇기에, 그의 문장은 결론이 아니라 시작이다.『법의 서』는 특정한 믿음이나 질서를 강요하지 않는다. 대신 독자 스스로 자신의 중심을 향해 질문하게 만든다.

독자는 이 책을 통해 하나의 계시를 읽는다. 그러나 이 계시는 완결된 진리를 전달하지 않는다. 오히려 이 책은 끝없이 해석되기를 요구한다. 이 책은 확신보다는 망설임을, 해답보다는 탐색을 유도하며, 끝맺음 속에서도 다음 단계로 나아갈 여지를 남긴다. 정해진 길을 안내하지 않고, 자신만의 길을 찾는 여정에 초대한다. 이 텍스트는 설교가 아니라 질문이다. 그것은 '믿으리'고 말하지 않고, '묻고, 의심하고, 자각하라'고 요청한다.

『법의 서』는 마법의 교본이자 철학의 문서이며, 동시에 하나의 시적 텍스트이다. 그것은 종교를 대신할 새로운 체계이기보다는, 기존의 모든 체계를 의심하게 만드는 낯선 목소리다. 그 목소리는 고요하게, 읽는 자의 내면을 비추는 거울처럼 작동한다.

이 책은 이제 끝났지만, 진정한 읽기는 지금부터 시작된다. 『법의 서』를 다 읽은 사람은 다시 자신에게 되묻게 된다. 나는 누구인가. 나의 의지는 어디에서 오는가. 그리고 나는 무엇을 행할 것인가. 당신이 이 질문 앞에 잠시 멈추는 시간을 갖게 되기를 바란다. 그것만으로도 이 책은 자신의 역할을 다한 셈이다.

Love is the law, love under will

Appendix

The Book of the Law
– Original Text

부록
법의 서 원문

The Book of the Law
Liber AL vel Legis

sub figura CCXX

as delivered by XCIII = 418 to DCLXVI

Introduction

I. The Book

1. This book was dictated in Cairo between noon and 1 p.m. on three successive days, April 8th, 9th and 10th in the year 1904.
   The Author called himself Aiwass, and claimed to be "the minister of Hoor-Paar-Kraat"; that is, a messenger from the forces ruling this earth at present, as will be explained later on.
   How could he prove that he was in fact a being of a kind superior to any of the human race, and so entitled to speak with authority? Evidently he must show KNOWLEDGE and POWER such as no man has ever been known to possess.
2. He showed his KNOWLEDGE chiefly by the use of cipher or cryptogram in certain passages to set forth recondite facts, including some events which had yet to take place, such that no human being could possibly be aware of them;

thus, the proof of his claim exists in the manuscript itself. It is independent of any human witness.

The study of these passages necessarily demands supreme human scholarship to interpret— it needs years of intense application. A great deal has still to be worked out. But enough has been discovered to justify his claim; the most sceptical intelligence is compelled to admit its truth.

This matter is best studied under the Master Therion, whose years of arduous research have led him to enlightenment.

On the other hand, the language of most of the Book is admirably simple, clear and vigorous. No one can read it without being stricken in the very core of his being.

3. The more than human POWER of Aiwass is shewn by the influence of his Master, and of the Book, upon actual events: and history fully supports the claim made by him. These facts are appreciable by everyone; but are better understood with the help of the Master Therion.

4. The full detailed account of the events leading up to the dictation of this Book, with facsimile reproduction of the Manuscript and an essay by the Master Therion, is published in The Equinox of the Gods.

II. The Universe

This Book explains the Universe.

The elements are Nuit— Space— that is, the total of possibilities of every kind— and Hadit, any point which has experience of these possibilities. (This idea is for literary convenience symbolized by the Egyptian Goddess Nuit, a woman bending over like the Arch of the Night Sky. Hadit is symbolized as a Winged Globe at the heart of Nuit.)

Every event is a uniting of some one monad with one of the experiences possible to it.

"Every man and every woman is a star," that is, an aggregate of such experiences, constantly changing with each fresh event, which affects him or her either consciously or subconsciously.

Each one of us has thus an universe of his own, but it is the same universe for each one as soon as it includes all possible experience. This implies the extension of consciousness to include all other consciousness.

In our present stage, the object that you see is never the same as the one that I see; we infer that it is the same because your experience tallies with mine on so many points that the actual differences of our observation are negligible. For instance, if a friend is walking between us, you see only his left side, I his right; but we agree that it is the same man, although we may differ not only as to what we may see of his body but as to what we know of his qualities. This conviction of identity grows stronger as we see him more often and get to know him better. Yet all the time neither of us can know anything of him at all beyond the total impression made on our respective minds.

The above is an extremely crude attempt to explain a system which reconciles all existing schools of philosophy.

III. The Law of Thelema*

This Book lays down a simple Code of Conduct.

"Do what thou wilt shall be the whole of the Law."

"Love is the law, love under will."

"There is no law beyond Do what thou wilt."

This means that each of us stars is to move on our true orbit, as marked out by the nature of our position, the law of our growth, the impulse of our past experiences. All events are equally lawful— and every one necessary, in the long run— for all of us, in theory; but in practice, only one act is lawful for each one of us at any given moment. Therefore Duty consists in determining to experience the right event from one moment of consciousness to another.

Each action or motion is an act of love, the uniting with one or another part of "Nuit"; each such act must be "under will," chosen so as to fulfil and not to thwart the true nature of the being concerned.

The technical methods of achieving this are to be studied in Magick, or acquired by personal instruction from the Master Therion and his appointed assistants.

* Thelema is the Greek for Will, and has the same numerical value as Agape, the Greek for Love.

IV. The New Aeon

The third chapter of the Book is difficult to understand, and may be very repugnant to many people born before the date of the book (April, 1904).

It tells us the characteristics of the Period on which we are now entered. Superficially, they appear appalling. We see some of them already with terrifying clarity. But fear not!

It explains that certain vast "stars" (or aggregates of experience) may be described as Gods. One of these is in charge of the destinies of this planet for periods of 2,000 years.* In the history of the world, as far as we know accurately, are three such Gods: Isis, the mother, when the Universe was conceived as simple nourishment drawn directly from her; this period is marked by matriarchal government.

Next, beginning 500 B.C., Osiris, the father, when the Universe was imagined as catastrophic, love, death, resurrection, as the method by which experience was built up; this corresponds to patriarchal systems.

Now, Horus, the child, in which we come to perceive events as a continual growth partaking in its elements of both these methods, and not to be overcome by circumstance. This present period involves the recognition of the individual as the unit of society.

We realize ourselves as explained in the first paragraphs of this essay. Every event, including death, is only one more accretion to our experience, freely willed by ourselves from the beginning and therefore also predestined.

This "God," Horus, has a technical title: Heru-Ra-Ha, a combination of twin gods, Ra-Hoor-Khuit and Hoor-Paar-Kraat. The meaning of this doctrine must be studied in Magick. (He is symbolized as a Hawk-Headed God enthroned.)

He rules the present period of 2,000 years, beginning in 1904. Everywhere his government is taking root. Observe for yourselves the decay of the sense of sin, the growth of innocence and irresponsibility, the strange modifications of the reproductive instinct with a tendency to become bisexual or epicene, the childlike confidence in progress combined with nightmare fear of catastrophe, against which we are yet half unwilling to take precautions.

Consider the outcrop of dictatorships, only possible when moral growth is in its earliest stages, and the prevalence of infantile cults like Communism, Fascism, Pacifism, Health Crazes, Occultism in nearly all its forms, religions sentimentalised to the point of practical extinction.

Consider the popularity of the cinema, the wireless, the football pools and guessing competitions, all devices for soothing fractious infants, no seed of purpose in them.

Consider sport, the babyish enthusiasms and rages which it excites, whole nations disturbed by disputes between boys.

Consider war, the atrocities which occur daily and leave us unmoved and hardly worried.

We are children.

How this new Aeon of Horus will develop, how the Child will grow up, these are for us to determine, growing up ourselves in the way of the Law of Thelema under the enlightened guidance of the Master Therion.

* The moment of change from one period to another is technically called The Equinox of the Gods.

V. The Next Step

Democracy dodders.

Ferocious Fascism, cackling Communism, equally frauds, cavort crazily all over the globe.

They are hemming us in.

They are abortive births of the Child, the New Aeon of Horus.

Liberty stirs once more in the womb of Time.

Evolution makes its changes by anti-Socialistic ways. The "abnormal" man who foresees the trend of the times and adapts circumstance intelligently, is laughed at, persecuted, often destroyed by the herd; but he and his heirs, when the crisis comes, are survivors.

Above us today hangs a danger never yet paralleled in history. We suppress the individual in more and more ways. We think in terms of the herd. War no longer kills soldiers; it kills all indiscriminately. Every new measure of the most democratic and autocratic govenments is Communistic in essence. It is always restriction. We are all treated as imbecile children. Dora, the Shops Act, the Motoring Laws, Sunday suffocation, the Censorship— they won't trust us to cross the roads at will.

Fascism is like Communism, and dishonest into the bargain. The dictators suppress all art, literature, theatre, music, news, that does not meet their requirements; yet the world only moves by the light of genius. The herd will be destroyed in mass.

The establishment of the Law of Thelema is the only way to preserve individual liberty and to assure the future of the race.

In the words of the famous paradox of the Comte de Fénix— The absolute rule of the state shall be a function of the absolute liberty of each individual will.

All men and women are invited to cooperate with the Master Therion in this, the Great Work.

O. M.

Chapter I.

1. Had! The manifestation of Nuit.
2. The unveiling of the company of heaven.
3. Every man and every woman is a star.
4. Every number is infinite; there is no difference.
5. Help me, o warrior lord of Thebes, in my unveiling before the Children of men!
6. Be thou Hadit, my secret centre, my heart & my tongue!
7. Behold! it is revealed by Aiwass the minister of Hoor-paar-kraat.
8. The Khabs is in the Khu, not the Khu in the Khabs.
9. Worship then the Khabs, and behold my light shed over you!
10. Let my servants be few & secret: they shall rule the many & the known.
11. These are fools that men adore; both their Gods & their men are fools.
12. Come forth, o children, under the stars, & take your fill of love!
13. I am above you and in you. My ecstasy is in yours. My joy is to see your joy.
14. Above, the gemmed azure is The naked splendour of Nuit; She bends in ecstasy to kiss The secret ardours of Hadit. The winged globe, the starry blue, Are mine, O Ankh-af-na-khonsu!
15. Now ye shall know that the chosen priest & apostle of infinite space is the prince-priest the Beast; and in his woman called the Scarlet Woman is all power given. They shall gather my children into their fold: they shall bring the glory of the stars into the hearts of men.
16. For he is ever a sun, and she a moon. But to him is the winged secret flame, and to her the stooping starlight.
17. But ye are not so chosen.
18. Burn upon their brows, o splendrous serpent!
19. O azure-lidded woman, bend upon them!

20. The key of the rituals is in the secret word which I have given unto him.
21. With the God & the Adorer I am nothing: they do not see me. They are as upon the earth; I am Heaven, and there is no other God than me, and my lord Hadit.
22. Now, therefore, I am known to ye by my name Nuit, and to him by a secret name which I will give him when at last he knoweth me. Since I am Infinite Space, and the Infinite Stars thereof, do ye also thus. Bind nothing! Let there be no difference made among you between any one thing & any other thing; for thereby there cometh hurt.
23. But whoso availeth in this, let him be the chief of all!
24. I am Nuit, and my word is six and fifty.
25. Divide, add, multiply, and understand.
26. Then saith the prophet and slave of the beauteous one: Who am I, and what shall be the sign? So she answered him, bendingdown, a lambent flame of blue, all-touching, all penetrant, her lovely hands upon the black earth, & her lithe body arched for love, and her soft feet not hurting the little flowers: Thou knowest! And the sign shall be my ecstasy, the consciousness of the continuity of existence, the omnipresence of my body.
27. Then the priest answered & said unto the Queen of Space, kissing her lovely brows, and the dew of her light bathing his whole body in a sweet-smelling perfume of sweat: O Nuit, continuous one of Heaven, let it be ever thus; that men speak not of Thee as One but as None; and let them speak not of thee at all, since thou art continuous!
28. None, breathed the light, faint & faery, of the stars, and two.
29. For I am divided for love's sake, for the chance of union.
30. This is the creation of the world, that the pain of division is as nothing, and the joy of dissolution all.
31. For these fools of men and their woes care not thou at all! They feel little; what

is, is balanced by weak joys; but ye are my chosen ones.

32. Obey my prophet! follow out the ordeals of my knowledge! seek me only! Then the joys of my love will redeem ye from all pain. This is so: I swear it by the vault of my body; by my sacred heart and tongue; by all I can give, by all I desire of ye all.

33. Then the priest fell into a deep trance or swoon, & said unto the Queen of Heaven; Write unto us the ordeals; write unto us the rituals; write unto us the law!

34. But she said: the ordeals I write not: the rituals shall be half known and half concealed: the Law is for all.

35. This that thou writest is the threefold book of Law.

36. My scribe Ankh-af-na-khonsu, the priest of the princes, shall not in one letter change this book; but lest there be folly, he shall comment thereupon by the wisdom of Ra-Hoor-Khuit.

37. Also the mantras and spells; the obeah and the wanga; the work of the wand and the work of the sword; these he shall learn and teach.

38. He must teach; but he may make severe the ordeals.

39. The word of the Law is THELEMA.

40. Who calls us Thelemites will do no wrong, if he look but close into the word. For there are therein Three Grades, the Hermit, and the Lover, and the man of Earth. Do what thou wilt shall be the whole of the Law.

41. The word of Sin is Restriction. O man! refuse not thy wife, if she will! O lover, if thou wilt, depart! There is no bond that can unite the divided but love: all else is a curse. Accursed! Accursed be it to the aeons! Hell.

42. Let it be that state of manyhood bound and loathing. So with thy all; thou hast no right but to do thy will.

43. Do that, and no other shall say nay.

44. For pure will, unassuaged of purpose, delivered from the lust of result, is every way perfect.

45. The Perfect and the Perfect are one Perfect and not two; nay, are none!

46. Nothing is a secret key of this law. Sixty-one the Jews call it; I call it eight, eighty, four hundred & eighteen.

47. But they have the half: unite by thine art so that all disappear.

48. My prophet is a fool with his one, one, one; are not they the Ox, and none by the Book?

49. Abrogate are all rituals, all ordeals, all words and signs. Ra-Hoor-Khuit hath taken his seat in the East at the Equinox of the Gods; and let Asar be with Isa, who also are one. But they are not of me. Let Asar be the adorant, Isa the sufferer; Hoor in his secret name and splendour is the Lord initiating.

50. There is a word to say about the Hierophantic task. Behold! there are three ordeals in one, and it may be given in three ways. The gross must pass through fire; let the fine be tried in intellect, and the lofty chosen ones in the highest. Thus ye have star & star, system & system; let not one know well the other!

51. There are four gates to one palace; the floor of that palace is of silver and gold; lapis lazuli & jasper are there; and all rare scents; jasmine & rose, and the emblems of death. Let him enter in turn or at once the four gates; let him stand on the floor of the palace. Will he not sink? Amn. Ho! warrior, if thy servant sink? But there are means and means. Be goodly therefore: dress ye all in fine apparel; eat rich foods and drink sweet wines and wines that foam! Also, take your fill and will of love as ye will, when, where and with whom ye will! But always unto me.

52. If this be not aright; if ye confound the space-marks, saying: They are one; or saying, They are many; if the ritual be not ever unto me: then expect the direful judgments of Ra Hoor Khuit!

53. This shall regenerate the world, the little world my sister, my heart & my tongue, unto whom I send this kiss. Also, o scribe and prophet, though thou be of the princes, it shall not assuage thee nor absolve thee. But ecstasy be thine and joy of earth: ever To me! To me!
54. Change not as much as the style of a letter; for behold! thou, o prophet, shalt not behold all these mysteries hidden therein.
55. The child of thy bowels, he shall behold them.
56. Expect him not from the East, nor from the West; for from no expected house cometh that child. Aum! All words are sacred and all prophets true; save only that they understand a little; solve the first half of the equation, leave the second unattacked. But thou hast all in the clear light, and some, though not all, in the dark.
57. Invoke me under my stars! Love is the law, love under will. Nor let the fools mistake love; for there are love and love. There is the dove, and there is the serpent. Choose ye well! He, my prophet, hath chosen, knowing the law of the fortress, and the great mystery of the House of God.
All these old letters of my Book are aright; but [Tzaddi] is not the Star. This also is secret: my prophet shall reveal it to the wise.
58. I give unimaginable joys on earth: certainty, not faith, while in life, upon death; peace unutterable, rest, ecstasy; nor do I demand aught in sacrifice.
59. My incense is of resinous woods & gums; and there is no blood therein: because of my hair the trees of Eternity.
60. My number is 11, as all their numbers who are of us. The Five Pointed Star, with a Circle in the Middle, & the circle is Red. My colour is black to the blind, but the blue & gold are seen of the seeing. Also I have asecret glory for them that love me.
61. But to love me is better than all things: if under the night stars in the desert thou

presently burnest mine incense before me, invoking me with a pure heart, and the Serpent flame therein, thou shalt come a little to lie in my bosom. For one kiss wilt thou then be willing to give all; but whoso gives one particle of dust shall lose all in that hour. Ye shall gather goods and store of women and spices; ye shall wear rich jewels; ye shall exceed the nations of the earth in spendour & pride; but always in the love of me, and so shall ye come to my joy. I charge you earnestly to come before me in a single robe, and covered with a rich headdress. I love you! I yearn to you! Pale or purple, veiled or voluptuous, I who am all pleasure and purple, and drunkenness of the innermost sense, desire you. Put on the wings, and arouse the coiled splendour within you: come unto me!

62. At all my meetings with you shall the priestess say -- and her eyes shall burn with desire as she stands bare and rejoicing in my secret temple -- To me! To me! calling forth the flame of the hearts of all in her love-chant.

63. Sing the rapturous love-song unto me! Burn to me perfumes! Wear to me jewels! Drink to me, for I love you! I love you!

64. I am the blue-lidded daughter of Sunset; I am the naked brilliance of the voluptuous night-sky.

65. To me! To me!

66. The Manifestation of Nuit is at an end.

Chapter II.

1. Nu! the hiding of Hadit.
2. Come! all ye, and learn the secret that hath not yet been revealed. I, Hadit, am the complement of Nu, my bride. I am not extended, and Khabs is the name of my House.
3. In the sphere I am everywhere the centre, as she, the circumference, is nowhere found.
4. Yet she shall be known & I never.
5. Behold! the rituals of the old time are black. Let the evil ones be cast away; let the good ones be purged by the prophet! Then shall this Knowledge go aright.
6. I am the flame that burns in every heart of man, and in the core of every star. I am Life, and the giver of Life, yet therefore is theknowledge of me the knowledge of death.
7. I am the Magician and the Exorcist. I am the axle of the wheel, and the cube in the circle. "Come unto me" is a foolish word: for it is I that go.
8. Who worshipped Heru-pa-kraath have worshipped me; ill, for I am the worshipper.
9. Remember all ye that existence is pure joy; that all the sorrows are but as shadows; they pass & are done; but there is that which remains.
10. O prophet! thou hast ill will to learn this writing.
11. I see thee hate the hand & the pen; but I am stronger.
12. Because of me in Thee which thou knewest not.
13. for why? Because thou wast the knower, and me.
14. Now let there be a veiling of this shrine: now let the light devour men and eat them up with blindness!
15. For I am perfect, being Not; and my number is nine by the fools; but with the

just I am eight, and one in eight: Which is vital, for I am none indeed. The Empress and the King are not of me; for there is a further secret.

16. I am The Empress & the Hierophant. Thus eleven, as my bride is eleven.

17. Hear me, ye people of sighing! The sorrows of pain and regret Are left to the dead and the dying, The folk that not know me as yet.

18. These are dead, these fellows; they feel not. We are not for the poor and sad: the lords of the earth are our kinsfolk.

19. Is a God to live in a dog? No! but the highest are of us. They shall rejoice, our chosen: who sorroweth is not of us.

20. Beauty and strength, leaping laughter and delicious languor, force and fire, are of us.

21. We have nothing with the outcast and the unfit: let them die in their misery. For they feel not. Compassion is the vice of kings: stamp down the wretched & the weak: this is the law of the strong: this is our law and the joy of the world. Think not, o king, upon that lie: That Thou Must Die: verily thou shalt not die, but live. Now let it be understood: If the body of the King dissolve, he shall remain in pure ecstasy for ever. Nuit! Hadit! Ra-Hoor-Khuit! The Sun, Strength & Sight, Light; these are for the servants of the Star & the Snake.

22. I am the Snake that giveth Knowledge & Delight and bright glory, and stir the hearts of men with drunkenness. To worship me take wine and strange drugs whereof I will tell my prophet, & be drunk thereof! They shall not harm ye at all. It is a lie, this folly against self. The exposure of innocence is a lie. Be strong, o man! lust, enjoy all things of sense and rapture: fear not that any God shall deny thee for this.

23. I am alone: there is no God where I am.

24. Behold! these be grave mysteries; for there are also of my friends who be hermits. Now think not to find them in the forest or on the mountain; but in

beds of purple, caressed by magnificent beasts of women with large limbs, and fire and light in their eyes, and masses of flaming hair about them; there shall ye find them. Ye shall see them at rule, at victorious armies, at all the joy; and there shall be in them a joy a million times greater than this. Beware lest any force another, King against King! Love one another with burning hearts; on the low men trample in the fierce lust of your pride, in the day of your wrath.

25. Ye are against the people, O my chosen!
26. I am the secret Serpent coiled about to spring: in my coiling there is joy. If I lift up my head, I and my Nuit are one. If I droop down mine head, and shoot forth venom, then is rapture of the earth, and I and the earth are one.
27. There is great danger in me; for who doth not understand these runes shall make a great miss. He shall fall down into the pit called Because, and there he shall perish with the dogs of Reason.
28. Now a curse upon Because and his kin!
29. May Because be accursed for ever!
30. If Will stops and cries Why, invoking Because, then Will stops & does nought.
31. If Power asks why, then is Power weakness.
32. Also reason is a lie; for there is a factor infinite & unknown; & all their words are skew-wise.
33. Enough of Because! Be he damned for a dog!
34. But ye, o my people, rise up & awake!
35. Let the rituals be rightly performed with joy & beauty!
36. There are rituals of the elements and feasts of the times.
37. A feast for the first night of the Prophet and his Bride!
38. A feast for the three days of the writing of the Book of the Law.
39. A feast for Tahuti and the child of the Prophet--secret, O Prophet!
40. A feast for the Supreme Ritual, and a feast for the Equinox of the Gods.

41. A feast for fire and a feast for water; a feast for life and a greater feast for death!
42. A feast every day in your hearts in the joy of my rapture!
43. A feast every night unto Nu, and the pleasure of uttermost delight!
44. Aye! feast! rejoice! there is no dread hereafter. There is the dissolution, and eternal ecstasy in the kisses of Nu.
45. There is death for the dogs.
46. Dost thou fail? Art thou sorry? Is fear in thine heart?
47. Where I am these are not.
48. Pity not the fallen! I never knew them. I am not for them. I console not: I hate the consoled & the consoler.
49. I am unique & conqueror. I am not of the slaves that perish. Be they damned & dead! Amen. (This is of the 4: there is a fifth who is invisible, & therein am I as a babe in an egg.)
50. Blue am I and gold in the light of my bride: but the red gleam is in my eyes; & my spangles are purple & green.
51. Purple beyond purple: it is the light higher than eyesight.
52. There is a veil: that veil is black. It is the veil of the modest woman; it is the veil of sorrow, & the pall of death: this is none of me. Tear down that lying spectre of the centuries: veil not your vices in virtuous words: these vices are my service; ye do well, & I will reward you here and hereafter.
53. Fear not, o prophet, when these words are said, thou shalt not be sorry. Thou art emphatically my chosen; and blessed are the eyes that thou shalt look upon with gladness. But I will hide thee in a mask of sorrow: they that see thee shall fear thou art fallen: but I lift thee up.
54. Nor shall they who cry aloud their folly that thou meanest nought avail; thou shall reveal it: thou availest: they are the slaves of because: They are not of me. The stops as thou wilt; the letters? change them not in style or value!

55. Thou shalt obtain the order & value of the English Alphabet; thou shalt find new symbols to attribute them unto.
56. Begone! ye mockers; even though ye laugh in my honour ye shall laugh not long: then when ye are sad know that I have forsaken you.
57. He that is righteous shall be righteous still; he that is filthy shall be filthy still.
58. Yea! deem not of change: ye shall be as ye are, & not other. Therefore the kings of the earth shall be Kings for ever: the slaves shall serve. There is none that shall be cast down or lifted up: all is ever as it was. Yet there are masked ones my servants: it may be that yonder beggar is a King. A King may choose his garment as he will: there is no certain test: but a beggar cannot hide his poverty.
59. Beware therefore! Love all, lest perchance is a King concealed! Say you so? Fool! If he be a King, thou canst not hurt him.
60. Therefore strike hard & low, and to hell with them, master!
61. There is a light before thine eyes, o prophet, a light undesired, most desirable.
62. I am uplifted in thine heart; and the kisses of the stars rain hard upon thy body.
63. Thou art exhaust in the voluptuous fullness of the inspiration; the expiration is sweeter than death, more rapid and laughterful than a caress of Hell's own worm.
64. Oh! thou art overcome: we are upon thee; our delight is all over thee: hail! hail: prophet of Nu! prophet of Had! prophet of Ra-Hoor-Khu! Now rejoice! now come in our splendour & rapture! Come in our passionate peace, & write sweet words for the Kings.
65. I am the Master: thou art the Holy Chosen One.
66. Write, & find ecstasy in writing! Work, & be our bed in working! Thrill with the joy of life & death! Ah! thy death shall be lovely: whososeeth it shall be glad. Thy death shall be the seal of the promise of our age long love. Come! lift up thine heart & rejoice! We are one; we are none.

67. Hold! Hold! Bear up in thy rapture; fall not in swoon of the excellent kisses!
68. Harder! Hold up thyself! Lift thine head! breathe not so deep -- die!
69. Ah! Ah! What do I feel? Is the word exhausted?
70. There is help & hope in other spells. Wisdom says: be strong! Then canst thou bear more joy. Be not animal; refine thy rapture! If thou drink, drink by the eight and ninety rules of art: if thou love, exceed by delicacy; and if thou do aught joyous, let there be subtlety therein!
71. But exceed! exceed!
72. Strive ever to more! and if thou art truly mine -- and doubt it not, an if thou art ever joyous! -- death is the crown of all.
73. Ah! Ah! Death! Death! thou shalt long for death. Death is forbidden, o man, unto thee.
74. The length of thy longing shall be the strength of its glory. He that lives long & desires death much is ever the King among the Kings.
75. Aye! listen to the numbers & the words:
76. 4 6 3 8 A B K 2 4 A L G M O R 3 Y X 24 89 R P S T O V A L. What meaneth this, o prophet? Thou knowest not; nor shalt thou know ever. There cometh one to follow thee: he shall expound it. But remember, o chose none, to be me; to follow the love of Nu in the star-lit heaven; to look forth upon men, to tell them this glad word.
77. O be thou proud and mighty among men!
78. Lift up thyself! for there is none like unto thee among men or among Gods! Lift up thyself, o my prophet, thy stature shall surpass the stars. They shall worship thy name, foursquare, mystic, wonderful, the number of the man; and the name of thy house 418.
79. The end of the hiding of Hadit; and blessing & worship to the prophet of the lovely Star!

Chapter III.

1. Abrahadabra; the reward of Ra Hoor Khut.
2. There is division hither homeward; there is a word not known. Spelling is defunct; all is not aught. Beware! Hold! Raise the spell of Ra-Hoor-Khuit!
3. Now let it be first understood that I am a god of War and of Vengeance. I shall deal hardly with them.
4. Choose ye an island!
5. Fortify it!
6. Dung it about with enginery of war!
7. I will give you a war-engine.
8. With it ye shall smite the peoples; and none shall stand before you.
9. Lurk! Withdraw! Upon them! this is the Law of the Battle of Conquest: thus shall my worship be about my secret house.
10. Get the stele of revealing itself; set it in thy secret temple -- and that temple is already aright disposed -- & it shall be your Kiblah for ever. It shall not fade, but miraculous colour shall come back to it day after day. Close it in locked glass for a proof to the world.
11. This shall be your only proof. I forbid argument. Conquer! That is enough. I will make easy to you the abstruction from the ill-ordered house in the Victorious City. Thou shalt thyself convey it with worship, o prophet, though thou likest it not. Thou shalt have danger & trouble. Ra-Hoor-Khu is with thee. Worship me with fire & blood; worship me with swords & with spears. Let the woman be girt with a sword before me: let blood flow to my name. Trample down the Heathen; be upon them, o warrior, I will give you of their flesh to eat!
12. Sacrifice cattle, little and big: after a child.
13. But not now.

14. Ye shall see that hour, o blessed Beast, and thou the Scarlet Concubine of his desire!
15. Ye shall be sad thereof.
16. Deem not too eagerly to catch the promises; fear not to undergo the curses. Ye, even ye, know not this meaning all.
17. Fear not at all; fear neither men nor Fates, nor gods, nor anything. Money fear not, nor laughter of the folk folly, nor any other power in heaven or upon the earth or under the earth. Nu is your refuge as Hadit your light; and I am the strength, force, vigour, of your arms.
18. Mercy let be off; damn them who pity! Kill and torture; spare not; be upon them!
19. That stele they shall call the Abomination of Desolation; count well its name, & it shall be to you as 718.
20. Why? Because of the fall of Because, that he is not there again.
21. Set up my image in the East: thou shalt buy thee an image which I will show thee, especial, not unlike the one thou knowest. And it shall be suddenly easy for thee to do this.
22. The other images group around me to support me: let all be worshipped, for they shall cluster to exalt me. I am the visible object of worship; the others are secret; for the Beast & his Bride are they: and for the winners of the Ordeal x. What is this? Thou shalt know.
23. For perfume mix meal & honey & thick leavings of red wine: then oil of Abramelin and olive oil, and afterward soften & smooth down with rich fresh blood.
24. The best blood is of the moon, monthly: then the fresh blood of a child, or dropping from the host of heaven: then of enemies; then of the priest or of the worshippers: last of some beast, no matter what.

25. This burn: of this make cakes & eat unto me. This hath also another use; let it be laid before me, and kept thick with perfumes of your orison: it shall become full of beetles as it were and creeping things sacred unto me.
26. These slay, naming your enemies; & they shall fall before you.
27. Also these shall breed lust & power of lust in you at the eating thereof.
28. Also ye shall be strong in war.
29. Moreover, be they long kept, it is better; for they swell with my force. All before me.
30. My altar is of open brass work: burn thereon in silver or gold!
31. There cometh a rich man from the West who shall pour his gold upon thee.
32. From gold forge steel!
33. Be ready to fly or to smite!
34. But your holy place shall be untouched throughout the centuries: though with fire and sword it be burnt down & shattered, yet an invisible house there standeth, and shall stand until the fall of the Great Equinox; when Hrumachis shall arise and the double-wanded one assume my throne and place. Another prophet shall arise, and bring fresh fever from the skies; another woman shall awakethe lust & worship of the Snake; another soul of God and beast shall mingle in the globed priest; another sacrifice shall stain the tomb; another king shall reign; and blessing no longer be poured To the Hawk-headed mystical Lord!
35. The half of the word of Heru-ra-ha, called Hoor-pa-kraat and Ra-Hoor-Khut.
36. Then said the prophet unto the God:
37. I adore thee in the song -- I am the Lord of Thebes, and I The inspired forth-speaker of Mentu; For me unveils the veiled sky,
The self-slain Ankh-af-na-khonsu Whose words are truth. I invoke, I greet Thy presence, O Ra-Hoor-Khuit!

Unity uttermost showed! I adore the might of Thy breath, Supreme and terrible God, Who makest the gods and death To tremble before Thee: -- I, I adore thee! Appear on the throne of Ra! Open the ways of the Khu! Lighten the ways of the Ka! The ways of the Khabs run through To stir me or still me! Aum! let it fill me!

38. So that thy light is in me; & its red flame is as a sword in my hand to push thy order. There is a secret door that I shall make to establish thy way in all the quarters, (these are the adorations, as thou hast written), as it is said:

    The light is mine; its rays consume Me: I have made a secret door Into the House of Ra and Tum, Of Khephra and of Ahathoor. I am thy Theban, O Mentu, The prophet Ankh-af-na-khonsu!

    By Bes-na-Maut my breast I beat; By wise Ta-Nech I weave my spell. Show thy star-splendour, O Nuit! Bid me within thine House to dwell, O winged snake of light, Hadit! Abide with me, Ra-Hoor-Khuit!

39. All this and a book to say how thou didst come hither and a reproduction of this ink and paper for ever -- for in it is the word secret & not only in the English -- and thy comment upon this the Book of the Law shall be printed beautifully in red ink and black upon beautiful paper made by hand; and to each man and woman that thou meetest, were it but to dine or to drink at them, it is the Law to give. Then they shall chance to abide in this bliss or no; it is no odds. Do this quickly!

40. But the work of the comment? That is easy; and Hadit burning in thy heart shall make swift and secure thy pen.

41. Establish at thy Kaaba a clerk-house: all must be done well and with business way.

42. The ordeals thou shalt oversee thyself, save only the blind ones. Refuse none, but thou shalt know & destroy the traitors. I am Ra-Hoor-Khuit; and I am powerful to protect my servant. Success is thy proof: argue not; convert not; talk not over much! Them that seek to entrap thee, to overthrow thee, them

attack without pity or quarter; & destroy them utterly. Swift as a trodden serpent turn and strike! Be thou yet deadlier than he! Drag down their souls to awful torment: laugh at their fear: spit upon them!

43. Let the Scarlet Woman beware! If pity and compassion and tenderness visit her heart; if she leave my work to toy with old sweetnesses; then shall my vengeance be known. I will slay me her child: I will alienate her heart: I will cast her out from men: as a shrinking and despised harlot shall she crawl through dusk wet streets, and die cold and an-hungered.

44. But let her raise herself in pride! Let her follow me in my way! Let her work the work of wickedness! Let her kill her heart! Let her be loud and adulterous! Let her be covered with jewels, and rich garments, and let her be shameless before all men!

45. Then will I lift her to pinnacles of power: then will I breed from her a child mightier than all the kings of the earth. I will fill her with joy: with my force shall she see & strike at the worship of Nu: she shall achieve Hadit.

46. I am the warrior Lord of the Forties: the Eighties cower before me, & are abased. I will bring you to victory & joy: I will be at your arms in battle & ye shall delight to slay. Success is your proof; courage is your armour; go on, go on, in my strength; & ye shall turn not back for any!

47. This book shall be translated into all tongues: but always with the original in the writing of the Beast; for in the chance shape of the letters and their position to one another: in these are mysteries that no Beast shall divine. Let him not seek to try: but one cometh after him, whence I say not, who shall discover the Key of it all. Then this line drawn is a key: then this circle squared in its failure is a key also. And Abrahadabra. It shall be his child & that strangely. Let him not seek after this; for thereby alone can he fall from it.

48. Now this mystery of the letters is done, and I want to go on to the holier place.

49. I am in a secret fourfold word, the blasphemy against all gods of men.

50. Curse them! Curse them! Curse them!
51. With my Hawk's head I peck at the eyes of Jesus as he hangs upon the cross.
52. I flap my wings in the face of Mohammed & blind him.
53. With my claws I tear out the flesh of the Indian and the Buddhist, Mongol and Din.
54. Bahlasti! Ompehda! I spit on your crapulous creeds.
55. Let Mary inviolate be torn upon wheels: for her sake let all chaste women be utterly despised among you!
56. Also for beauty's sake and love's!
57. Despise also all cowards; professional soldiers who dare not fight, but play; all fools despise!
58. But the keen and the proud, the royal and the lofty; ye are brothers!
59. As brothers fight ye!
60. There is no law beyond Do what thou wilt.
61. There is an end of the word of the God enthroned in Ra's seat, lightening the girders of the soul.
62. To Me do ye reverence! to me come ye through tribulation of ordeal, which is bliss.
63. The fool readeth this Book of the Law, and its comment; & he understandeth it not.
64. Let him come through the first ordeal, & it will be to him as silver.
65. Through the second, gold.
66. Through the third, stones of precious water.
67. Through the fourth, ultimate sparks of the intimate fire.
68. Yet to all it shall seem beautiful. Its enemies who say not so, are mere liars.
69. There is success.
70. I am the Hawk-Headed Lord of Silence & of Strength; my nemyss shrouds the night-blue sky.
71. Hail! ye twin warriors about the pillars of the world! for your time is nigh at hand.
72. I am the Lord of the Double Wand of Power; the wand of the Force of Coph

Nia--but my left hand is empty, for I have crushed an Universe; & nought remains.

73. Paste the sheets from right to left and from top to bottom: then behold!
74. There is a splendour in my name hidden and glorious, as the sun of midnight is ever the son.
75. The ending of the words is the Word Abrahadabra.

The Book of the Law is Written
and Concealed.
Aum. Ha.

THE COMMENT.

Do what thou wilt shall be the whole of the Law.

The study of this Book is forbidden. It is wise to destroy this copy after the first reading.

Whosoever disregards this does so at his own risk and peril. These are most dire.

Those who discuss the contents of this Book are to be shunned by all, as centres of pestilence.

All questions of the Law are to be decided only by appeal to my writings, each for himself.

There is no law beyond Do what thou wilt.

Love is the law, love under will.
The priest of the princes,
Ankh-f-n-khonsu

참고자료 & 관련문헌

편집후기 & 당부말씀

The study of this Book is forbidden. It is wise to destroy this copy after the first reading.

"이 책을 연구하는 것은 금지되었느니라.
첫 번째 읽기가 끝난 후, 이 사본을 파기하는 것이 현명하도다."

✟✟

　본 프로젝트는 크로울리의 저작과 사상에 대해 알아보고 싶다는 마음과, 크로울리 철학의 불모지와도 같은 이 땅에서, 더 많은 분들과 함께 크로울리에 대해 공유하고 싶다는 순수한 의지에서 시작되었습니다. 저희의 무모했던 도전에, 기대 이상으로 응원해 주셨던 모든 분들께 깊은 감사의 말씀을 드립니다.

　이 책이 진정한 마도서이기 때문인지는 모르겠으나, 작업을 진행하면서 말로는 설명할 수 없는 오묘한 일들-예컨대, 작업을 시작한 다음날 점심을 먹고 오다가 비둘기 똥이 떨어져서 손등에 맞게 된 일, 작업이 중단되었을 때 하늘이 어두워지며 갑자기 비가 내린 일 등-이 발생했던 것은, 과연 우연의 일치일까요? 이 책에서, 그리고 텔레마의 문양에서 어떤 기운이 흐르는 느낌은 정말 착각일 뿐일까요? 세상에는 아직 풀리지 않은 미스터리한 일들이 많이 존재하고, 지금도 인간이 이해할 수 없는 일들로 가득 차 있습니다. 아무쪼록 본 도서를 접하시는 모든 분들께서 '내면의 의지가 향'하시는 방향으로, 책 속에 숨어 있는 기묘한 기운들을 사용하실 수 있게 되시기를 희망합

니다.

그리고 마지막으로 당부드립니다. 이 책을 접하신 분들 중, 누군가는 저희보다 더 깊은 혜안과 실력을 가진 분들이 계실 것입니다. 혹시라도 번역상의 오류나 제작상의 다소 미진한 부분들을 발견하셨다면, 다소곳한 질책과 함께 연락 주시면(foxcatzero2@gmail.com) 감사한 마음으로 받아들이겠습니다. 또한, 혹시라도 있을지 모를 다음 프로젝트에도 의견을 반영하도록 하겠습니다.

감사드리며, 반복되었지만, 잊을 수 없는 한 문장을 떠올리며 마무리하겠습니다.

"Do what thou wilt shall be the whole of the Law"

오컬트 시스터즈 드림.

오컬트&마법 관련
혜택/자료 신청

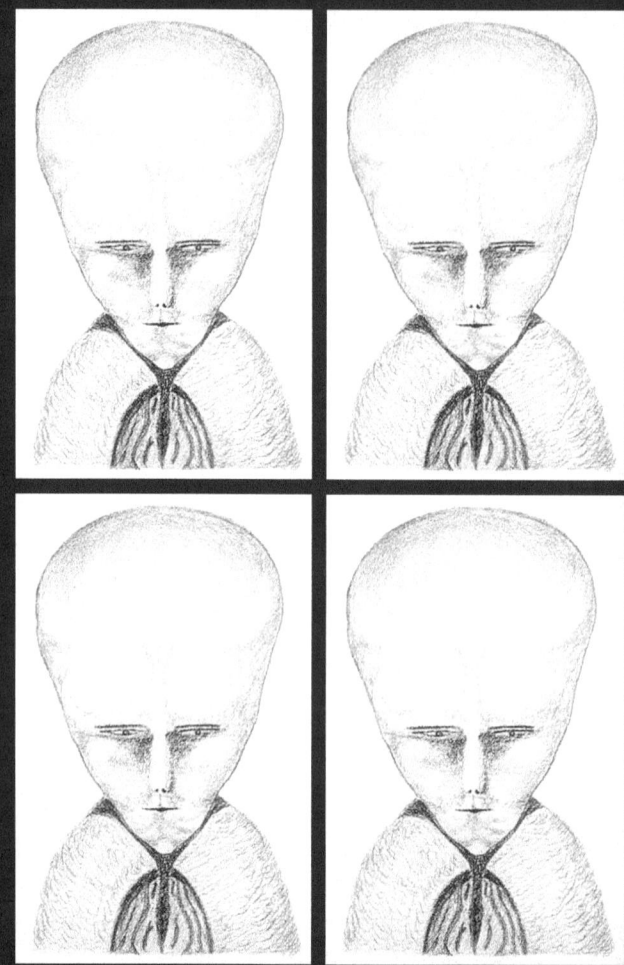
알레이스터 크로울리가 접촉했다고 주장한 존재 '람(Lam)'의 초상화

chance shape of the letters and their position to one another: in these are mysteries that no Beast shall divine. Let him not seek to try: but one cometh after him, whence I say not, who shall discover the Key of it all. Then this line drawn is a key: then this circle squared ⊕ in its failure is a key also. And Abrahadabra. It shall be his child & that strangely. Let him not seek after this; for thereby alone can he fall from it.

법의 서, 그리고 알레이스터 크로울리

초판 발행 2025년 6월 11일
지은이 알레이스터 크로울리　|　**옮긴이** 오컬트시스터즈
펴낸이 오컬트시스터즈
펴낸곳 행복우물
출판등록 307-2007-14호
등록일 2006년 10월 27일
주소 a1. 서울특별시 종로구 종로1길 50 더케이트윈타워 B동 위워크 2층
　　　a2. 경기도 가평군 경반안로 115
전화 031-581-0491
전자우편 book@happypress.co.kr
정가 29,000원
ISBN 979-11-94192-28-2 (03290)

* '오컬트시스터즈'는 '행복우물출판사'의 임프린트입니다